AF284288

# Impressum

Bibliografische Information der Deutschen Nationalbibliothek

Die Deutsche Nationalbibliothek verzeichnet diese Publikation in der Deutschen Nationalbibliografie; detaillierte bibliografische Daten sind im Internet über http://dnb.d-nb.de abrufbar

Herstellung und Verlag
BoD – Books on Demand, Norderstedt

ISBN: 9783751936446

# Hinweis Kochbuch 101 x Tapas

Von Andrea Müller

vorbehalten. Kommentare und Fragen sind herzlich willkommen:

Andrea Müller, Calle Las Cuevas, 8
E- 35542 Punta Mujeres, Provinz Las Palmas, Lanzarote
Web: www.fuerteventura-mal-anders.de
mailto:ebook@fuerteventura-mal-anders.de

## Vorwort

Wussten Sie schon, dass bereits im Mittelalter dem spanischen König Alfonso X. Tapas als Zwischenmahlzeit gereicht wurden und sich die kleinen leckeren Köstlichkeiten von dem Wort "tapear" ableiten?

"Tapaer" bedeutet abdecken und ist auf die Wirte in den spanischen Bodegas zurückzuführen, die den Gästen Wein oder Bier servierten. Um zu verhindern, dass sich in den Getränken Fliegen absetzen, bedeckten sie die Gläser, nicht wie in Deutschland mit Bierdeckeln, sondern mit hausgemachten Toppings.

Die leckeren Rezepte sind für 4- 6 Portionen ausgelegt. Meine Empfehlung ist, dass Sie alle Zutaten je nach Geschmack auch individuell ändern können. Sollten keine spanischen Produkte verfügbar sein, greifen Sie einfach auf ähnliches zurück. Zum Beispiel kann auch der spanische gereifte

Schafsmilchkäse "Manchego" durch einen italienischen Parmesankäse ersetzt werden. Zum Frittieren reicht einfaches Sonnenblumen- oder Rapsöl auch aus. Ich empfehle Ihnen frische Kräuter den TK-Produkten vorzuziehen, da diese einfach mehr Geschmack und Frische in die Gerichte bringen.

Für das besondere authentische Urlaubsfelling servieren Sie die Tapas in den kleinen braunen Terracotta- Schälchen.

Buen Aprovecho!

# FLEI SCH

# Albóndigas con salsa de almendras-Fleischbällchen in Mandelsoße

Für die Fleischbällchen:
1 altbackenes Brötchen
1 Zwiebel
1 Knoblauchzehe
500 g gemischtes Hackfleisch
1 Ei, Größe L
Salz, Pfeffer
1 EL scharfes Paprikapulver
Mehl zum Wenden
250 ml spanisches Olivenöl
Für die Mandelsauce:
2 Knoblauchzehen
3 EL gehackte Mandeln
2 EL gehackte glatte Petersilie
1 TL mildes Currypulver
Salz, Pfeffer
2 Zwiebeln
2 EL spanisches Olivenöl
175 ml Fleischbrühe
125 ml spanischer Weißwein

Für die Fleischbällchen das Brötchen in Wasser einweichen, dann gut ausdrücken. Zwiebel und Knoblauch schälen und fein hacken. Hackfleisch, Brötchen, Zwiebel, Knoblauch, Ei und die Gewürze gründlich verkneten. Aus der Masse etwa 5 cm große Bällchen formen und jeweils in Mehl wenden. Das Öl erhitzen und die Bällchen darin etwa 5 Minuten schwimmend braten. Auf Küchenpapier abtropfen lassen.

Für die Mandelsauce den Knoblauch schälen, grob hacken und mit Mandeln, Petersilie und den Gewürzen im Mixer pürieren. Die Zwiebeln schälen und hacken. Das Öl erhitzen und die Zwiebeln darin glasig schmoren. Brühe und Wein angießen und die Mandelmasse einrühren. Die Fleischbällchen in die Sauce legen und etwa 5 Minuten darin köcheln lassen.

## Albondigas de cordero in salsa de tomate- Lammfleischbällchen in Tomatensoße

1 EL spanisches Olivenöl
1 rote Zwiebel
500 g Lammhackfleisch
1 Ei, Größe L verquirlt
2 TL Zitronensaft
1/2 TL gemahlener Kreuzkümmel
2 EL frische, fein gehackte Minze
1 Prise Cayennepfeffer
Salz
Pfeffer
Tomatensauce:
4 EL spanisches Olivenöl
5 Knoblauchzehen
1 Bund Frühlingszwiebeln
3 rote Paprika
1 große Dose Tomaten in Stücke
1 Prise rote Chiliflocken (nach Belieben)
Salz
Pfeffer

Für die Sauce das Olivenöl in einem Topf auf mittlerer Stufe erhitzen.

Knoblauch durchdrücken, Frühlingszwiebeln putzen und kleinschneiden und Paprika entkernen und in kleine Würfel schneiden. Alles in den Topf geben und unter gelegentlichem Rühren 10 Minuten weich dünsten. Dosentomaten, Chiliflocken, Salz und Pfeffer zugeben und aufkochen. Die Hitze reduzieren und ohne Deckel 45 Minuten köcheln lassen. Im Mixer pürieren, dann durch ein feines Sieb passieren.

Für die Fleischbällchen 1 Esslöffel Olivenöl in einer Pfanne auf mittlerer Stufe erhitzen. Die Zwiebel lein würfeln und darin glasig dünsten. Abkühlen lassen. Lammhack, Ei, Zitronensaft, Kreuzkümmel, Cayennepfeffer, Minze und Zwiebel in eine große Schüssel geben und mit Salz und Pfeffer würzen. Gut mischen, mit den Händen 40 Bällchen aus der Masse formen und mindestens 20 Minuten kalt stellen.

Etwas Olivenöl in einer Pfannen erhitzen. Die Bällchen portionsweise bei mittlerer Hitze 5 Minuten braten, bis sie außen braun, innen aber noch rosa sind. Warm stellen.

Die Tomatensauce vorsichtig erhitzen und als Dip zu den Klößchen reichen.

# Alitas de pollo- Hähnchenflügel

1 kg Hähnchenflügel
150 ml spanisches Olivenöl
3 Knoblauchzehen
1 TL Kreuzkümmel
2 Tomaten
5 EL Weißweinessig
1 Bund Basilikum

Knoblauchzehen durchpressen. Tomaten schälen, entkernen und würfeln. Basilikumblätter in feine Streifen schneiden.
Den Backofen auf 200 vorheizen. 1 Esslöffel Olivenöl, Knoblauch und Kreuzkümmel mischen. Die Spitzen der Hähnchenflügel abschneiden und wegwerfen. Die Flügel in der Ölmischung wenden. Mit Frischhaltefolie abgedeckt 30 Minuten im Kühlschrank marinieren.
In einer großen Pfanne 3 Esslöffel Olivenöl erhitzen. Die Flügel darin portionsweise unter häufigem Wenden goldbraun braten. In eine Auflaufform geben. Im Ofen 10-15 Minuten gar backen (wenn man mit einer scharfen Messerspitze in die dickste Fleischstelle sticht, sollte der austretende Fleischsaft klar sein).
Unterdessen Tomaten, Essig, Basilikum und das restliche Olivenöl in einer Schüssel mischen.
Die Flügel in eine Schale legen. Das Dressing darübergeben und untermischen. Abgedeckt abkühlen lassen, dann über nacht kalt stellen. 1 Stunde vor dem Servieren aus dem Kühlschrank nehmen und zimmerwarm servieren.

# Bolsas de holjaldre rellenas- Gefüllte Blätterteigtaschen

1 Packung TK- Blätterteig (450 g)
1 Zwiebel
1 Knoblauchzehe
1/2 grüne Paprikaschote
50 g Chorizo
1 EL spanisches Olivenöl
200 g Bio-Hackfleisch
50 ml Rotwein
Salz, Pfeffer
1 TL edelsüßes Paprikapulver
1/2 TL getrockneter Thymian
1Eigelb
2 EL Milch
10 Kapernäpfel
10 kleine Kopfsalatblätter
10 Schlangengurkenscheiben
10 Zahstocher

Den Blätterteig auftauen lassen. Die Zwiebel und den Knoblauch schälen und hacken. Die Paprikaschote waschen, putzen und würfeln. Chorizo sehr fein würfeln. Das Öl in einer Pfanne erhitzen und die Zwiebel mit dem Knoblauch darin glasig dünsten. Hackfleisch und Chorizowürfel hinzufügen und mitbraten. Den Rotwein angießen und Würzen. Die Masse etwa 15 Minuten schmoren. 5 Minuten vor Ende der Garzeit die Paprikawürfel untermischen. Die Füllung abkühlen lassen. Den Backofen auf 200 Grad vorheizen. Die Blätterteigplatten dünn ausrollen und in Quadrate von 12 x 12 cm schneiden. Auf jedes Quadrat 1 EL

Füllung setzen. Das Eigelb mit der Milch verquirlen und die Teigränder damit einstreichen. Zu quadratischen Päckchen zusammenfalten und die Ränder festdrücken. Auf ein abgespültes Backblech setzen und im vorgeheizten Backofen etwa 20 Minuten backen. Auskühlen lassen. Zum anrichten eine Gurkenscheibe, darauf ein Satatblatt, eine Blätterteigtasche setzen. Einen Kapernapfel aufsetzen und das Türmchen mit einem Zahnstocher befestigen.

## Chorizo de huevos de codorniz- Chorizo mit Wachteleier

8 Scheiben Baguette
8 dünne Scheiben Chorizo- Aufschnitt
spanisches Olivenöl zum Braten
8 Wachteleier
Mildes Paprikapulver zum Bestäuben
Salz
Pfeffer

Den Backofengrill vorheizen. Die Baguettescheiben auf ein Backblech legen und auf der oberen Schiene unter dem Grill von beiden Seiten goldbraun toasten.
Die Chorizo-Scheiben nach Belieben auf die Größe der Toasts zuschneiden und diese damit belegen. Beiseitestellen.
Eine dünne Schicht Olivenöl in einer großen Pfanne auf mittlerer Stufe erhitzen. Die Wachteleier portionsweise in die Pfanne schlagen und braten, bis das Eiweiß fest und das Eigelb nach Geschmack gegart ist. Die Spiegeleier auf

Küchenpapier abtropfen lassen. Sofort auf die mit Chorizo belegten Baguettes geben und mit Paprikapulver bestäuben. Nach Geschmack mit Salz und Pfeffer würzen und sofort servieren.

## Chorizo de judías verdes y huevo- Chorizo mit grünen Bohnen und Ei

250 g grüne Bohnen
Salz
1 Zwiebel
2 Knoblauchzehen
1 grüne Paprikaschote
1 kleine rote Chilischote
12 Cocktailtomaten
100 g Chorizo
2 EL spanisches Olivenöl
4 Eier, Größe M

Die Bohnen putzen und waschen, dann etwa 3 Minuten in kochendem Salzwasser blanchieren. Abgießen, abtropfen lassen und in Stücke schneiden. Zwiebel und Knoblauch schälen und fein hacken. Paprika und Chili waschen, putzen und entkernen. Paprika in dünne Streifen, Chili in Ringe schneiden. Die Tomaten waschen und halbieren. Die Chorizo in Scheiben schneiden.
Den Backofen auf 180 Grad vorheizen. 2 EL Olivenöl erhitzen und Zwiebel und Knoblauch darin glasig braten. Paprika, Chili, Tomaten und Chorizo hinzugeben und unter Rühren 2 Minuten mitschmoren. Die Bohnen unterheben und alles mit Salz und Pfeffer würzen.

4 feuerfeste Schalen mit dem restlichen Olivenöl ausstreichen. Die Gemüse-Wurst-Mischung darin verteilen. In die Mitte jeweils eine Delle hineindrücken und ein Ei hineinschlagen. Im Ofen etwa 10 Minuten backen, bis das Eiweiß gestockt ist.

# Chorizo en sidra- Chorizo mit Apfelwein

400 ml Sidra- span. Apfelwein- ersatzweise Cidre
1 säuerlichen Apfel
2 Zweige Thymian
150 gr Chorizo in dünnen Scheiben

Den Apfelwein in einem Topf ohne Deckel auf die Hälfte einkochen lassen. Apfel schälen, vierteln, entkernen und die Viertel in nicht zu dicke Spalten schneiden. Thymian abspülen und trocken schütteln. Die Apfelspalten in je 2 Wurstscheiben wickeln und mit Zahnstochern zusammenstecken. Umwickelte Apfelspalten und Thymianzweige in den eingekochten Apfelwein legen, 2 Minuten bei kleiner Hitze mitkochen lassen und noch warm in Tapasschälchen servieren.

# Chorizo en vino tinto- Chorizo in Rotwein

200 g Chorizo
200 ml lieblicher spanischer Rotwein
frische glatte Petersilie zum Garnieren

Die Chorizo mit einer Gabel drei- bis viermal einstechen. Chorizo und Wein in einen Topf geben. Aufkochen, dann den

Herd herunterschalten und die Mischung mit Deckel 15- 20 Minuten köcheln lassen. In eine Schüssel geben und abgedeckt über Nacht marinieren.

Am nächsten Tag die Wurst aus der Schüssel nehmen, den Wein beiseite stellen. Die Chorizo- Haut entfernen und die Wurst in 5 mm dicke Scheiben schneiden, in eine Pfanne geben und den beiseite gestellten Wein hineingeben. Bei starker Hitze fast den ganzen Wein verdampfen lassen. Mit Petersilie garniert servieren. Reichen Sie dazu Baguette, um die Soße aufzutunken und Zahnstocher um die Wurstscheiben aufzuspießen.

# Chorizo frito con hierbas- Gebratene Chorizo mit Kräutern

500 g Chorizo
1 EL spanisches Olivenöl
2 Knoblauchzehen
4 EL gemischte, gehackte Kräuter

Die Chorizo in 5 mm dicke Scheiben schneiden. Eine Pfanne erhitzen. Die Chorizo- Scheiben darin ohne zusätzliches Fett bei mittlerer Hitze unter häufigem Rühren 5 Minuten knusprig braun braten. Mit einem Pfannenwender aus der Pfanne nehmen und auf Küchenpapier gut abtropfen lassen. Das Fett aus der Pfanne gießen und die Pfanne mit Küchenpapier ausreiben.

Das Olivenöl in der Pfanne auf mittlerer Stufe erhitzen. Die Chorizo Scheiben, den durchgepressten Knoblauch und

Kräuter darin unter gelegentlichem Rühren gut erhitzen. Sofort servieren.

Variante: Sie können zusammen mit der Chorizo auch Streifen von grüner und gelber Paprika anbraten.

# Costillas de pimiento- Spareribs mit Paprika

1 kg Spareribs
Spanisches Olivenöl zum Bestreichen
200 ml Sherry
5 TL Paprikapulver
2 Knoblauchzehen
1 EL getrockneter Oregano
150 ml Wasser
Salz

Den Knoblauch pressen und den Backofen auf 200 Grad vorheizen. Eine Auflaufform mit Öl einstreichen. Die Spareribs in einzelne Rippenstücke zerteilen und wenn möglich diese noch einmal halbieren. Die Stücke nebeneinander in die Auflaufform geben und 30 Minuten im Ofen rösten.

Unterdessen die Sauce zubereiten. Sherry, Paprikapulver, Knoblauch, Oregano, Wasser und Salz in eine Schüssel geben und gut verrühren.

Die Backofentemperatur auf 180 Grad reduzieren. Das Fett aus der Auflaufform abgießen, die Sauce in die Form geben und die Spareribs darin wenden. 45 Minuten rösten, nach der Hälfte der Garzeit die Sauce noch einmal über die Spareribs verteilen.

Die Spareribs in eine vorgewärmte Servierschüssel geben. Die Sauce aufkochen, dann die Temperatur herunterschalten und die Sauce auf die Hälfte reduzieren lassen. Anschließend über die Spareribs geben und servieren.

# Dátiles rellenos- Gefüllte Datteln im Speckmantel

12 Datteln
125 g milder Ziegenkäse
1 unbehandelte Orange
12 kleine Scheiben Bacon
Rosmarinzweige nach Belieben
2 EL spanisches Olivenöl

Den Backofen auf 180 Grad vorheizen. Die Datteln der Länge nach etwas einschneiden und entkernen. Den Ziegenkäse in 12 Stücke teilen. Die Orange heiß abwaschen, trocken reiben und etwas von der Schale abreiben.

Die Datteln jeweils mit Käse und etwas Orangenschale füllen. Jede Dattel mit einer Scheibe Bacon umwickeln und mit einem gewässerten Zahnstocher feststecken.

Die Datteln auf ein Backblech setzen, mit etwas Öl beträufeln, und 10 Minuten backen bis der Bacon kross ist. Die heißen Datteln umgehend servieren.

# Ensalada de garbanzos con chorizo-Kichererbsensalat mit Chorizo

250 g Chorizo
4 EL spanisches Olivenöl
1 Zwiebel
2 Knoblauchzehen
400 g Kichererbsen aus der Dose
1 Glas rote Pimientos de Piquillo
1 EL Weißweinessig
Salz
Pfeffer
Gehackte Petersilie zum Garnieren

Die Pelle von der Chorizo entfernen und in 1 cm große Würfel schneiden. Zwiebel schälen und fein hacken. Knoblauch durchpressen. Das Öl in einer Pfanne auf mittlerer Stufe erhitzen. Zwiebel und Knoblauch unter gelegentlichem Rühren glasig dünsten. Die Chorizo- Würfel untermischen und erhitzen.
Die Mischung in eine Schüssel geben. Kichererbsen abspülen und abtropfen lassen. Pimientos abtropfen und kleinschneiden. Beides der Mischung zufügen. Mit dem Essig beträufeln und mit Salz und Pfeffer abschmecken. Umrühren. Mit Petersilie bestreut servieren. Dazu Baguette reichen.

# Espárragos asados con jamón de serrano- Gebratener Spagel in Serranoschinken

12 Stangen grüner Spargel
Salz
6 Scheiben Serranoschinken
1 Knoblauchzehe
2 EL spanisches Olivenöl
grobes Meersalz

Den Spargel waschen, holzige Enden abschneiden, die untere Hälfte gegebenenfalls schälen. In kochendem Salzwasser etwa 3 Minuten blanchieren, anschließend unter kaltem Wasser abschrecken. Die Schinkenscheiben halbieren und je eine Scheibe um eine Spargelstange wickeln.
Die Knoblauchzehe in der Schale mit der Messerrückseite andrücken, sodass sie leicht aufspringt. In einer Pfanne das Olivenöl erhitzen, den Knoblauch und die Spargelstangen hinzugeben und die Stangen rundherum bissfest braten. Mit Meersalz bestreut servieren.

# Habas con jamon de serrano- Dicke Bohnen mit Parmaschinken

100 g Serrano-Schinken, oder Bacon
150 g Chorizo
4 EL Olivenöl
1 Zwiebel
2 Knoblauchzehen, fein gehackt
1 Schuss trockener Weißwein

500 g dicke Bohnen, Tiefkühlware aufgetaut, oder 1,25 kg frische dicke Bohnen (ergibt ausgelöst 500g Bohnen)
1 EL frisch gehackter Dill oder Minze
1 Prise Zucker
  Salz
Pfeffer

Schinken oder Bacon in dünne Streifen schneiden. Die Chorizo abpellen und in 2 cm große Würfel schneiden. Das Öl in einer Pfanne erhitzen. Die fein gehackte Zwiebel darin 5 Minuten weich dünsten. Bei Verwendung von Bacon diesen mit der Zwiebel anbraten. Den durchgepressten Knoblauch zufügen und 30 Sekunden anschwitzen. Den Wein zugießen, die Hitze erhöhen und den Alkohol kochend verdampfen lassen. Den Herd herunterschalten, Bohnen, Chorizo und Schinken zugeben und kurz unter Rühren erhitzen.
Deckel aufsetzen und bei schwacher Hitze unter gelegentlichem Rühren 10- 15 Minuten garen. Das Gericht dabei gut im Auge behalten, und falls es zu trocken wird, noch etwas Wasser zugeben. Wenn die Bohnen weich sind, Dill und Zucker untermischen. Mit Salz und Pfeffer abschmecken.

# Higado de ave- Geflügelleber

500 g Geflügelleber
1 EL mildes Paprikapulver
Salz
Pfeffer
50 g Butter
2 Schalotten
4 EL Sherry-Essig

1 TL Zucker
1 Knoblauchzehe
400 ml Hühnerbrühe

Die Geflügelleber putzen, waschen und trocken tupfen. Mit Paprikapulver, Salz und Pfeffer einreiben. Die Hälfte der Butter erhitzen und die Geflügelleber darin unter Rühren rundherum braun braten. Herausnehmen und warm halten.
Die Schalotten schälen und klein gewürfelt in dem Bratfett anbraten. Essig und Zucker dazugeben. Den Knoblauch schälen und dazupressen. Alles so lange köcheln lassen, bis die Flüssigkeit fast verdampft ist.
Die Hühnerbrühe zugießen und bei starker Hitze um die Hälfte einkochen lassen. Die restliche kalte Butter in Stückchen darunterschlagen und die Sauce mit Salz und Pfeffer abschmecken. Die Geflügelleber mit der Sauce vermischen und servieren.

## Huevos a la flamenca- Gebackene Eier mit Tomaten und Chorizo

6 Tomaten
1 Zwiebel
1 Knoblauchzehe
1 kleine getrocknete Chilischote
1 rote Paprikaschote
Olivenöl zum Braten
Salz
Pfeffer
4 Eier
4 dünne Scheiben Chorizo- Wurst

Die Tomaten 30 Sekunden mit kochendem Wasser überbrühen, anschließend häuten, entkernen und das Fruchtfleisch klein schneiden. Zwiebel und Knoblauch schälen und klein würfeln. Chili zerbröseln und Paprika waschen, putzen und entkernen und würfeln.

Etwas Olivenöl in einer Pfanne erhitzen. Die Zwiebel darin bräunen lassen. Tomaten, Knoblauch, Chili und Paprika hinzufügen und alles etwa 12 Minuten köchelnd eindicken lassen. Mit Salz und Pfeffer würzen.

Den Backofen auf 160 Grad vorheizen. Die Gemüsemischung in 4 feuerfeste Schalen füllen. Mit einem Esslöffel je eine flache Mulde hineindrücken und jeweils ein aufgeschlagenes Ei hineingeben. Jeweils eine Scheibe Chorizo darauflegen. Die Flamenco-Eier so lange im Ofen garen, bis das Eiweiß gestockt ist.

# Huevos revueltos a la euskera- Rührei baskische Art

3 EL spanisches Olivenöl
1 Zwiebel
1 rote Paprika
1 grüne Paprika
2 große Tomaten
100 g Chorizo
25 g Butter
8 Eier, Größe L
Salz
Pfeffer
4 Scheiben Weißbrot

Zwiebel schälen und hacken. Paprika entkernen und klein würfeln. Tomaten entkernen und klein würfeln. Chorizo pellen und in dünne Scheiben schneiden. Eier leicht verquirlen. Brot leicht antoasten. Den Backofen auf 150 Grad vorheizen. In einer Pfanne 2 EL Olivenöl auf mittlerer Stufe erhitzen. Zwiebel und Paprika darin 5 Minuten andünsten, bis das Gemüse weich, aber nicht gebräunt ist. Die Tomaten zufügen und erhitzen. Auf einen Teller geben und im vorgeheizten Ofen warm stellen.

In die Pfanne 1 Esslöffel Öl geben. Die Chorizo darin 30 Sekunden erhitzen, um das Öl zu aromatisieren. Die Chorizo zum Gemüse in den Ofen geben.

Die Butter zufügen und zerlassen. Die Eier mit Salz und Pfeffer würzen, in die Pfanne geben und unter Rühren nach Belieben stocken lassen. Gemüse und Chorizo zurück in die Pfanne geben und untermischen. Sofort auf heißem Brot servieren.

## Jámon de serrano con rucola-
## Serranoschinken mit Rucola

150 g Rucola
2 EL spanisches Olivenöl
2 EL Orangensaft
Salz
Pfeffer
250 g Serrano-Schinken

Den Rucola in eine Schüssel geben. Olivenöl und Orangensaft darüberträufeln. Mit Salz und Pfeffer würzen und alles gründlich umrühren.
Die Schinkenscheiben dekorativ auf Tellern anrichten. Den Rucolasalat darauf verteilen und sofort servieren.

Variante: Sie können auch 200 g Feta und einige schwarze Oliven auf dem Schinken verteilen. Der Orangensaft kann auch durch 1 EL Blütenhonig ersetzt werden.

# Migas de Chorizo- Brotpfännchen mit Chorizo

2 Brötchen (vom Vortag)
Salz
2 Knoblauchzehen
1 grüne Paprikaschote
50 g getrocknete Tomaten
150 g scharfe Chorizo
1 EL spanisches Olivenöl
Pfeffer

Die Brötchen in Stücke schneiden, in eine Schüssel geben und mit 100 ml Wasser gleichmäßig befeuchten. Mit Salz würzen und gründlich vermengen. Abgedeckt etwa 10 Minuten ziehen lassen.
In der Zwischenzeit die Knoblauchzehen in der Schale mit der Messerrückseite andrücken, sodass sie leicht aufspringen. Paprika waschen, putzen, entkernen und in Streifen schneiden. Die getrockneten Tomaten ebenfalls in Streifen schneiden. Die Chorizo in Scheiben schneiden.

Das Olivenöl in einer Pfanne erhitzen. Knoblauch, Paprika und getrocknete Tomaten hinzugeben und alles etwa 5 Minuten anbraten. Herausnehmen und auf einem Teller beiseitestellen.

Die Brötchenstücke noch einmal mit den Händen durchkneten, in die Pfanne geben, leicht andrücken und braunen lassen. Die Brötchenmasse wenden, nochmals kurz anbräunen lassen, dann zerkleinern. Alle restlichen Zutaten bis auf Knoblauch hinzufügen, alles gut durchmengen und erwärmen. Mit Salz und Pfeffer abschmecken. Zum Servieren in kleine vorgewärmte Pfännchen oder Schalen geben.

## Muslos de pollo – Hähnchenschenkel

4 Bio- Hähnchenschenkel
Salz
Pfeffer
4 EL Raps-Öl
12 schwarze entsteinte Oliven
1 rote Chilischote
4 getrocknete Tomaten
2 Knoblauchzehen
100 ml Sherry
Spanisches Olivenöl zum Beträufeln

Die Hähnchenschenkel waschen, trocken tupfen, salzen und pfeffern. Öl in einer Pfanne erhitzen und die Hähnchenschenkel darin rundherum kräftig anbraten, dann etwa 30 Minuten zugedeckt bei schwacher Hitze gar schmoren. Anschließend abkühlen lassen,

Die Oliven abtropfen lassen und in Scheiben schneiden. Chili waschen, putzen, entkernen und klein hacken. Die Tomaten in feine Streifen schneiden. Den Knoblauch schälen und in Scheiben schneiden.

Den Backofen auf 150 Grad vorheizen, Das Hähnchenfleisch von den Knochen lösen und grob in Stücke schneiden. Mit Oliven, Chili, Tomaten und Knoblauch vermischen und in einer Auflaufform verteilen. Den Sherry darüber gießen und alles etwa 20 Minuten im Ofen backen. Mit Olivenöl beträufelt servieren.

# Pan de chorizo- Weißbrotwürfel mit Chorizo

200 g Chorizo
4 Scheiben Weißbrot
Spanisches Olivenöl
2 knoblauchzehen
1/2 Bund glatte Petersilie
Scharfes Paprikapulver

Die Chorizo in 2 cm dicke Scheiben schneiden. Das Brot mitsamt Rinde in 2 cm große Würfel schneiden. Den Boden einer Pfanne großzügig mit Olivenöl bedecken. Das Öl erhitzen, den durchgepressten Knoblauch hineingeben und leicht anbräunen.

Die Brotwürfel in die Pfanne geben und unter ständigem Rühren knusprig goldbraun braten. Die Chorizo- Scheiben zufügen und kurz Minuten erhitzen. Brot und Chorizo aus der Pfanne nehmen und auf Küchenpapier abtropfen lassen.

Brot, Chorizo mit gehackter Petersilie bestreuen und in eine vorgewärmte Schale geben. Umrühren und mit Paprikapulver bestäuben und warm servieren. Dazu Zahnstocher reichen und zum Essen ein Wurststück und einen Brotwürfel zusammen aufspießen.

## Pimientos rellenos con Carne- Paprika mit Fleischfüllung

1 Zwiebel
3 Knoblauchzehen
50 g Kapern
1 kleine getrocknete Chilischote
1 EL spanisches Olivenöl zum Braten
400 g Bio- Rindergehacktes
50 g grüne Oliven ohne Stein
50 g Rosinen
250 g Tomatenpüree
Salz Pfeffer
$\frac{1}{2}$ TL Oregano
1 Prise gemahlener Kreuzkümmel
1 Prise gemahlener Zimt
4 rote Spitzpaprikaschoten

Für die Füllung Zwiebel und Knoblauch schälen und fein hacken. Die Kapern abtropfen lassen und klein hacken. Chili waschen, putzen, entkernen und fein hacken.
Das Öl in einer Pfanne erhitzen. Das Hackfleisch mit Zwiebel, Knoblauch, Kapern und den Oliven dann unter ständigem Rühren anbraten, bis das Fleisch gar Ist. Chili, Rosinen und Tomatenpüree dazugeben, alles miteinander

vermengen und mit den Gewürzen abschmecken. Unter gelegentlichem Rühren offen einkochen lassen, bis die Flüssigkeit fast verdampft ist.

Den Backofen auf 200 Grad vorheizen. Eine Auflaufform einfetten, Paprika waschen, die Deckel abschneiden und die Schoten entkernen. Die Paprikaschoten mit der Hackfleischmasse füllen und in die Auflaufform legen. Die Deckel aufsetzen.100 ml Wasser dazugießen und die Paprikaschoten ca. 50 Minuten im Ofen garen. Heiß oder lauwarm servieren.

# Pinchos aromatizados- Gewürzte Fleischspieße

100 ml spanisches Olivenöl
2 EL gemahlener Kreuzkümmel
1 EL gemahlener Koriander
1 TL scharfes Paprikapulver
1 TL Cayennepfeffer
1 TL getrockneter Rosmarin
750 g Schweinefilet
1 Bund glatte Petersilie
3 Knoblauchzehen
2 EL Zitronensaft
Salz
3 EL Öl zum Braten

Das Olivenöl in einer Pfanne erhitzen und die Gewürze einrühren. Auf kleiner Stufe etwa 3 Minuten schmoren, dann vom Herd nehmen und abkühlen lassen. Das Fleisch trocken tupfen und in Würfel schneiden. In einer Schüssel mit dem Gewürzöl vermengen.

Petersilie waschen und die Blättchen fein hacken. Die Knoblauchzehen durchpressen. Mit der Petersilie und dem Zitronensaft zum Fleisch geben und alles gut durchmischen Die Fleischstücke abgedeckt über Nacht marinieren lassen. Am folgenden Tag die Fleischstucke auf gewässerte Holzspieße stecken und mit Salz und Pfeffer würzen. Öl in einer Grillpfanne erhitzen und die Spieße dann gar braten. Dazu passt: Mojo verde und Mojo rojo- Soße.

# Pinchos de carne marinado- Marinierte Fleischspießchen

500 g Schweinefleisch
2 EL spanisches Olivenöl, + etwas mehr zum Einfetten
1 unbehandelte Zitrone
2 Knoblauchzehen
1 Bund glatte Petersilie, etwas zum Garnieren beiseitestellen
1 EL Ras-el-Hanout Gewürzmischung
Salz
Pfeffer
Holz oder Metallspießchen (10- 15 cm lang)

Das Schweinefleisch bereits am Vortag marinieren. Das Fleisch in 2 cm große Würfel schneiden und nebeneinander in eine große flache Schale geben.

Zitrone waschen, Schale abreiben und auspressen. Knoblauch durchpressen. Petersilie waschen und fein hacken.

Für die Marinade alle übrigen Zutaten in einer Schüssel verrühren. Die Marinade über das Fleisch geben und gut damit überziehen. Abgedeckt im Kühlschrank über Nacht marinieren.

Die Holzspieße vor der Verwendung 30 Minuten in kaltem Wasser einweichen, damit sie nicht verbrennen. Metallspieße brauchen nur etwas eingefettet zu werden.

Backofengrill, Grill oder Grillpfanne erhitzen. Je 3 marinierte Fleischstücke mit etwas Abstand auf die vorbereiteten Spieße stecken. Die Spieße unter mehrfachem Wenden und Bestreichen mit der restlichen Marinade 10- 15 Minuten braten, bis sie gar und gut gebräunt sind. Mit Petersilie garniert sehr heiß servieren.

# Pinchos de cordero al limón- Lammfiletspieße mit Zitrone

2 Knoblauchzehen
1 Gemüsezwiebel
1 unbehandelte Zitrone
1 TL getrockneter Thymian
1 TL gemahlener Koriander
1 TL gemahlener Kreuzkümmel
2 EL trockener Rotweinessig
150 ml spanisches Olivenöl
500 g Lammfilet
Holzspieße

Knoblauch durchpressen. Zwiebel schälen und klein schneiden.

Zitrone heiß abwaschen, reiben (2 TL) und auspressen (2 EL).

Knoblauch, Zwiebel, Zitronenschale, Zitronensaft, Thymian, Koriander, Kreuzkümmel, Essig und Olivenöl in einer flachen Schale gut verrühren.

Lammfilet evtl. von Sehnen entfernen und in 2 cm große Würfel schneiden. Die Lammfleischwürfel auf kleine Holzspieße stecken, in die Schale geben und gründlich in der Marinade wenden. Abgedeckt 2- 6 Stunden kalt stellen, dabei gelegentlich wenden.

Den Backofengrill vorheizen. Die Spieße abtropfen lassen, die Marinade auffangen. Auf der oberen Schiene unter dem Backofengrill 10 Minuten oder nach Geschmack braten, dabei häufig wenden und mit der Marinade bestreichen. Sofort servieren.

## Pinchos de solomillo y chorizo- Scheinefiletspieße mit Chorizo

400 g Schweinefilet
5 Knoblauchzehen
1 Zweig Oregano
2 EL spanisches Olivenöl
1 Lorbeerblatt
1 TL Paprikapulver
Salz
Pfeffer
150 ml Brühe
150 g Chorizo

Das Schweinefilet trocken tupfen und in mundgerechte Würfel schneiden. Den Knoblauch schälen und grob hacken.

Den Oregano waschen, trocken schütteln und die Blättchen von den Stielen zupfen. Anschließend klein hacken.

Das Öl in einem Topf erhitzen und die Fleischwürfel darin kurz von allen Seiten anbraten. Knoblauch, Oregano, Lorbeerblatt, Paprikapulver und etwas Salz und Pfeffer dazugeben. Die Brühe angießen und das Fleisch zugedeckt 10- 15 Minuten köcheln lassen.

Die Chorizo in dünne Scheiben schneiden, hinzugeben und alles einige Minuten offen weiterköcheln lassen, bis das Fleisch zart und das Wasser verkocht ist. Mit Salz und Pfeffer abschmecken. Zum Anrichten ein Fleischwürfel mit einer Scheibe Chorizo mit einem Zahnstocher aufspießen.

## Pinchos en escabeche de naranjas- Spießchen in Orangenmarinade

3 EL trockenen Weißwein
2 EL spanisches Olivenöl
3 Knoblauchzehen
1 Bio- Orange
400 g Rumpsteak
Salz
Pfeffer
200 g Perlzwiebeln
2- 3 gelbe Paprika
250 g Cocktailtomaten

Knoblauchzehen durchdrücken. Orange auspressen. Rumpsteak würfeln. Wein, Olivenöl, Knoblauch und Orangensaft in einer flachen Schale verrühren. Die Steakwürfel hineingeben, mit Salz und Pfeffer würzen und gut mischen. Abgedeckt mind. 6 Stunden, am besten über Nacht im Kühlschrank marinieren.

Den Backofengrill vorheizen. Paprika entkernen und in Stücke schneiden, die etwas größer als die Fleischwürfel sind. Perlzwiebeln halbieren. Das Fleisch abtropfen lassen, die Marinade auffangen. Fleisch, Zwiebeln, Paprika und Tomaten abwechselnd auf kleine Spieße stecken.

Auf der oberen Schiene unter dem Backofengrill unter häufigem Wenden und Bestreichen mit der Marinade 10 Minuten braten. Sofort servieren.

# Pollo al limón y ajillo- Zitronen- Knoblauch- Hähnchen

4 Hähnchenbrustfilets
4 EL spanisches Olivenöl
1 Zwiebel
6 Knoblauchzehen
2 unbehandelte Zitronen
1 Bund glatte Petersilie
Salz
Pfeffer

Die Hähnchenfilets mit einem scharfen Messer quer zur Faser in dünne Streifen schneiden. Das Olivenöl in einer Pfanne erhitzen. Die fein gehackte Zwiebel darin 5 Minuten glasig dünsten. Den durchgedrückten Knoblauch zufügen und 30 Sekunden anschwitzen.

Die Hähnchenstreifen in die Pfanne geben und bei mittlerer Hitze 5- 10 Minuten unter gelegentlichem Rühren garen und leicht bräunen. Zitronen heiß abwaschen, abreiben und auspressen. Zitronenschale und Zitronensaft zugeben und aufkochen, dabei den Bratensatz vom Boden der Pfanne lösen und mit dem Saft verrühren.

Die Pfanne vom Herd nehmen. Die Petersilie kleinschneiden, untermischen und alles mit Salz und Pfeffer abschmecken.

Das Zitronen-Knoblauch-Huhn sehr heiß in eine vorgewärmte Tapas- Schalen geben. Mit Zitronenspalten zum Beträufeln servieren. Dazu Baguettes zum Auftunken der Sauce servieren.

# Pollo relleno con aceitungas negras- Hähnchenrouladen mit schwarzen Oliven

150 g schwarze spanische Oliven in Öl
150 g Butter
1 Bund glatte Petersilie
4 Hähnchenbrustfilets
2 EL Öl aus dem Olivenglas
Holzspießchen oder Küchenzwirn

Den Backofen auf 200 Grad vorheizen. Die Oliven entsteinen und grob hacken. Butter, kleingeschnittene Petersilie und die Hälfte der Oliven in einer Schüssel mischen.

Die Hähnchenfilets zwischen 2 Lagen Frischhaltefolie vorsichtig mit einem Fleischhammer oder Pfanne flach klopfen.

Die Filets auf einer Seite mit der Olivenbutter bestreichen und aufrollen. Mit kleinen Holzspießen zusammenstecken oder mit Küchenzwirn zusammenbinden.

Die Rouladen in eine Auflaufform geben. Mit dem Öl beträufeln und im vorgeheizten Ofen 45- 50 Minuten backen, bis sie gar sind und beim Einstechen mit einer Messerspitze klarer Fleischsaft austritt.

Die Hühnerrouladen auf ein Brett legen, Holzspieße oder Zwirn entfernen. Die Rouladen mit einem scharfen Messer in Scheiben schneiden. Auf vorgewärmten Tapasschalen anrichten und servieren.

# Rollitos de ternera con jamón de serrano - Kalbsröllchen mit Serranoschinken

300 g Kalbsfilet
Saft von 1 Zitrone
6 Scheiben Serrano Schinken
Salz
Pfeffer
1 Ei, Größe L
50 g Mehl
50 g Paniermehl
500 ml Öl zum Frittieren
6 Schlangengurkenscheiben
6 Tomatenscheiben

Das Kalbsfilet waschen, trocken tupfen, in 6 Scheiben schneiden und etwa 1 Stunde abgedeckt im Zitronensaft marinieren. Dann abtupfen und mit je 1 Scheibe Schinken belegen. Mit Salz und Pfeffer würzen. Die Scheiben zusammenrollen und in etwa 2 cm große Stücke schneiden. Die Eier verquirlen. Mehl und Paniermehl auf Teller geben. Die Fleischröllchen in Mehl, Ei und Paniermehl wenden und im heißen Öl goldbraun ausbacken. Auf Küchenpapier abtropfen lassen. Auf Spieße stecken und auf Gurken- und Tomatenscheiben anrichten.

## Tortilla de chorizo y habas- Tortilla mit Chorizo und Bohnen

200 g dicke Bohnen, TK
4 Eier, Größe L
100 g Chorizo
Salz
Pfeffer
2 EL spanisches Olivenöl
1 Zwiebel

Bohnen auftauen. Chorizo von der Pelle entfernen und in kleine Würfel schneiden. Zwiebel schälen und hacken.
Die Bohnen 5 Minuten in sprudelndem Wasser garen. Abtropfen und abkühlen lassen. Unterdessen die Eier in einer Schüssel leicht verquirlen. Die Chorizo zugeben und die Masse mit Salz und Pfeffer würzen.
Die abgekühlten Bohnen aus der Haut drücken. Das Öl in einer großen beschichteten Pfanne erhitzen, die Zwiebel zugeben und unter Rühren glasig, aber nicht braun braten. Die Bohnen zugeben und kurz unter Rühren braten.
Die Eimischung in die Pfanne geben. 2- 3 Minuten stocken lassen und leicht bräunen. Die Tortilla mit einem

Pfannenwender leicht vom Pfannenrand und dem Pfannenboden lösen. Das auf der Oberseite noch flüssige Ei darf dabei auf den Pfannenboden laufen.Die Pfanne mit einem großen Teller abdecken und Pfanne samt Teller in einem Schwung wenden, sodass die Tortilla auf dem Teller zu liegen kommt. Von dort aus wieder in die Pfanne gleiten lassen und zurück auf den Herd stellen. 3- 4 Minuten weiterbraten. Auf einem vorgewärmten Teller in Stücke geteilt servieren.

# VEGE TARI SCH

# Aceitunas al limón y naranja- Zitronen- Orangen- Oliven

250 g schwarze Oliven
250 g grüne Oliven
2 TL Fenchelsamen
2 TL Kreuzkümmelsamen
1 unbehandelte Orange
1 unbehandelte Zitrone
2 Schalotten
1 Prise Zimt
3 EL Weißweinessig
4 EL Olivenöl
½ Bund Minze
½ Bund glatte Petersilie

Orange und Zitrone abwaschen. Benötigt werden jeweils 2 TL Schale und 2 EL Orangensaft. Schalotten schälen und fein hacken. Minz- und Petersilienblätter ebenfalls fein hacken.

Fenchel- und Kreuzkümmelsamen in einer Pfanne ohne Fett unter häufigem Rühren anrösten, bis sie aufplatzen. Aus der Pfanne nehmen und abkühlen lassen.

Oliven, Orangenschale, Zitronenschale, Schalotten, Zimt und die angerösteten Samen in eine Schüssel geben.

Essig, Olivenöl, Orangensaft, Minze und Petersilie in einer weiteren Schüssel verquirlen und über die Oliven geben. Alles gut verrühren und abgedeckt 1- 2 Tage kalt stellen.

# Aceitunas fritas- Ausgebackene Oliven

300 g grüne Oliven ohne Stein
50 g Mehl
100 g Paniermehl
1 Ei
4 EL spanisches Olivenöl

Die Oliven abtropfen lassen und gut trocken tupfen. Mehl und
Paniermehl getrennt auf flache Teller geben. Das Ei in einem tiefen Teller verquirlen. Die Oliven zuerst in Mehl, dann in Ei und zuletzt in Paniermehl wenden
Das Olivenöl in einer Pfanne erhitzen und die panierten Oliven darin rundherum knusprig backen.

# Aceitunas Marinadas - Marinierte Oliven

3 Knoblauchzehen
3 El Essig
250 g grüne entkernte Oliven
250 g schwarze entkernte Oliven
1 rote Chilischote
1 El Koriandersamen
2 El Kreuzkümmel
1 Bund glatte Petersilie
1 El süßes Paprikapulver
250 ml Olivenöl

Knoblauch schälen und in feine Scheiben schneiden, mit Essig in einer Schüssel vermischen und über Nacht ziehen lassen.

Oliven abtropfen lassen, Chili entkernen und in dünne Scheiben schneiden.

Koriander und Kreuzkümmel in einer Pfanne ohne Fett rösten, herausnehmen und im Mörser zerstoßen.

Petersilie fein hacken.

Den eingelegten Knoblauch- Essig mit den zerstoßenen Samen, der Petersilie und dem Paprikapulver mischen, das Olivenöl dazugeben und mindestens 2 Stunden durchziehen lassen.

## Aceitunas picantes – Pikante Oliven

Zutaten für 8 Personen
500 g große grüne Oliven mit Stein, abgetropft
4 Knoblauchzehen
1 unbehandelte Zitrone
2 El Koriandersamen
4 Thymianzweige
2 kleine getrocknete rote Chilis
Pfeffer
spanisches Olivenöl

Die Oliven auf einem Schneidbrett legen und mit einem Fleischklopfer leicht bearbeiten, sodass sie ein wenig aufplatzen. Wahlweise die Oliven mit einem scharfen Messer längs bis zum Stein einschneiden. Die Knoblauchzehen mit der breiten Seite des Messers zerdrücken. Die Zitrone abwaschen und ungeschält in kleine Stücke schneiden. Koriandersamen im Mörser leicht zerstoßen.

Oliven, Knoblauch, Koriandersamen, Zitronenstücke, Thymian und Chilis in eine große Schüssel geben und mischen. Mit Pfeffer würzen. Kein Salz zufügen, da die Oliven salzig genug sind. Alle Zutaten in ein Schraubglas geben und mit Olivenöl auffüllen, bis die Oliven bedeckt sind. Das Glas gut verschließen.

Die Oliven bei Zimmertemperatur 24 Stunden stehen lassen, dann im Kühlschrank 3- 4 Tage marinieren. Täglich das Glas schütteln, um so die Zutaten nochmals zu mischen. Vor dem Servieren die Oliven bei Zimmertemperatur etwa 2 Stunden stehen lassen, dann aus dem Öl nehmen.

Tipp: Die Oliven halten sich im Kühlschrank mehrere Wochen. Verwenden Sie die restliche Olivenölmarinade zum Kochen oder für Salatsaucen.

# Almendras de pimienton- Paprikamandeln

500 g abgezogende Mandeln
1 EL spanisches Olivenöl
1 EL grobes Meersalz
½ TL Paprikapulver

Den Backofen auf 200 Grad vorheizen. Meersalz und Paprikapulver im Mörser fein zerstoßen. Die Mandeln auf einem Backblech im Ofen unter gelegentlichem Wenden 10 Minuten goldbraun backen. Genau beobachten, da die Mandeln schnell verbrennen. In eine Schüssel geben.

1 Esslöffel Olivenöl über die Mandeln träufeln und gut mischen, sodass alle Mandeln mit einer dünnen Ölschicht

überzogen sind und bei Bedarf noch etwas Öl zugeben. Mit dem Paprikasalz bestreuen und erneut umrühren. In eine kleine Schale füllen und zimmerwarm servieren.

Variante: Für einen süßlicheren Geschmack, können Sie auch 50 g Zucker,1 TL gemahlenen Zimt und 1/2 TL Kreuzkümmel unter die Mandeln rühren.

# Almendras saladas- Salzmandeln

250 g ganze Mandeln mit Haut
3 EL Olivenöl
grobes Meersalz
1 TL Paprikapulver

Den Backofen auf 180 Grad vorheizen. Zum Schälen die Mandeln in einer Schüssel mit kochendem Wasser bedecken und 5 Minuten stehen lassen. Dann 1 Minute in kaltes Wasser legen und abgießen. Die Mandeln zwischen zwei Fingern aus der Haut herausdrücken. Auf Küchenpapier gut trocknen lassen.

Das Olivenöl in eine Auflaufform geben und durch Schwenken auf dem Boden verteilen. Die Mandeln hineingeben und gut mit dem Öl mischen, dann nebeneinander verteilen.

Im vorgeheizten Ofen unter Wenden 20 Minuten goldbraun rösten. Auf Küchenpapier abtropfen lassen, dann in eine Schüssel geben.

Die noch warmen Mandeln mit reichlich Meersalz und nach Belieben mit Paprikapulver bestreuen und gut umrühren. Die Mandeln warm oder kalt servieren.

# Batatas fritas con mojo verde-
## Süsskartoffelchips mit grüner Mojosoße

500 g Süßkartoffeln
2 Eiweiß
1 EL scharfes Paprikapulver
2 EL mildes Paprikapulver
Salz
Pfeffer
Öl für das Backblech

Mojo verde:
4 Knoblauchzehen
2 grüne Paprikaschoten
1 Bund glatte Petersilie
1 TL gemahlener Kreuzkümmel
200 ml spanisches Olivenöl
Salz
Pfeffer
Weißweinessig nach Belieben

Den Backofen auf 200 Grad vorheizen. Ein Backblech mit etwas Öl einfetten. Die Süßkartoffeln schälen, waschen und in dünne Scheiben hobeln. Paprikapulver vermischen.Das Eiweiß 2 EL gemischten Paprikapulver gut verquirlen. Die Süßkartoffelscheiben dazugeben und in der Masse wenden, sodass sie rundherum gut bedeckt sind. Die Chips auf dem Backblech verteilen und 30- 35 Minuten knusprig backen.
Für die Mojo verde den Knoblauch schälen und hacken. Paprika putzen, entkernen, waschen und grob würfeln. Petersilie waschen, trocken schütteln und grob hacken.

Alles zusammen mit dem Kreuzkümmel in einen Becher geben und mit dem Stabmixer pürieren. Zum Schluss das Olivenöl unterrühren. Mit Salz, Pfeffer und Essig abschmecken.

Die Chips mit Salz, Pfeffer und dem restlichen Chilipulver Würzen und mit der Mojo verde servieren.

## Berenjena rebozada con salsa de tomate-Panierte Auberginen mit Tomatensoße

Für die Auberginen:
2 Auberginen
100 g Mehl
100 ml Bier
1 Msp. Backpulver
Für die Salsa:
1 Zwiebel
1 Knoblauchzehe
4 reife Tomaten
2 EL Rapsöl
2 EL gehackte Petersilie
1 EL Zitronensaft
Salz, Pfeffer, Zucker
Öl zum Frittieren

Die Auberginen waschen, putzen, schälen und der Länge nach in etwa 1 cm dicke Scheiben schneiden. Die Scheiben in eine Schüssel legen, mit Salz bestreuen und etwa 30 Minuten ziehen lassen.

In der Zwischenzeit für die Salsa Zwiebel und Knoblauch schälen und fein hacken. Die Tomaten etwa 30 Sekunden mit kochendem Wasser überbrühen, anschließend häuten, entkernen und klein würfeln. Das Öl erhitzen. Zwiebel und Knoblauch darin andünsten. Tomaten und Petersilie dazugeben und alles etwa 10 Minuten einköcheln lassen. Den Zitronensaft unterrühren. Die Salsa mit Salz, Pfeffer und Zucker abschmecken.

Reichlich Öl zum Frittieren erhitzen. Die Auberginen abspülen und gut trocken tupfen. Mehl mit Bier und Backpulver glatt verrühren. Jede Auberginenscheibe einzeln in dem Teig wenden, abtropfen lassen und sofort ins heiße Frittierfett geben und goldbraun backen, dabei einmal wenden. Herausnehmen und auf Küchenpapier abtropfen lassen. Die Auberginen salzen und mit der Tomatensalsa servieren.

# Buñuelos de queso con salsa picante-Käsekrapfen mit pikanter Soße

75 g Mehl
4 EL spanisches Olivenöl
150ml Wasser
2 Eier, verquirlt
50 g fein geriebener Käse Parmesan, Gouda, o.ä.
1 TL mildes Paprikapulver
Öl zum Frittieren
Pikante Tomatensauce:
2 EL Olivenöl
1 Zwiebel
1 Knoblauchzehe
1 Schuss trockener Weißwein
400g Tomaten aus der Dose, gewürfelt

1 EL Tomatenmark
1/2 TL Chiliflocken
1 Spritzer Tabasco
1 Prise Zucker
Salz und Pfeffer

Für die Sauce das Olivenöl in einem Topf erhitzen. Die gehackte Zwiebel darin glasig dünsten. Den durchgepressten Knoblauch zufügen und 30 Sekunden anschwitzen. Den Wein zugießen und aufkochen lassen, dann die restlichen Saucenzutaten zufügen und ohne Deckel 10-15 Minuten köcheln lassen. In eine Schale füllen und bis zum Servieren beiseitestellen.

Unterdessen das Mehl auf einen Teller sieben. Olivenöl und Wasser in einem Topf langsam aufkochen. Sobald das Wasser kocht, den Topf vom Herd nehmen und das ganze Mehl hineingeben. Mit einem Holzlöffel verrühren, bis die Masse glatt ist und sich vom Topfrand löst.

Kurz Minuten abkühlen lassen. Nach und nach die Eier zugeben und jeweils sehr gut unterrühren. Käse und Paprika zugeben, mit Salz und Pfeffer würzen und gut umrühren. Bis zum Frittieren kalt stellen.

Das Öl in einer Fritteuse auf 180- 190 Grad erhitzen. Die Masse teelöffelweise in das Öl geben und 2- 3 Minuten goldbraun ausbacken, dabei einmal wenden. Die Windbeutel sollten dabei aufgehen und nach oben steigen. Auf Küchenpapier abtropfen lassen. Sofort heiß mit Holzspießchen und feuriger Tomatensauce zum Dippen servieren.

# Calabacínes fritos en salsa de piñónes- Frittierte Zucchini in Pinienkernsoße

500 g kleine Zucchini
3 EL Mehl
1 TL Paprikapulver
1 Ei, Größe L
2 EL Milch
Öl zum Frittieren
grobes Meersalz
Salsa:
100 g Pinienkerne
1 Knoblauchzehe
2 EL spanisches Olivenöl
1 EL Zitronensaft
3 EL Wasser
1 Bund glatte Petersilie
Salz ,Pfeffer

Für die Sauce Pinienkerne und Knoblauch im Mixer sehr fein hacken. Bei laufendem Gerät nach und nach Olivenöl, Zitronensaft und Wasser zugeben und zu einer Sauce verarbeiten. Die Petersilie unterrühren und alles mit Salz und Pfeffer würzen. In eine Schale füllen und beiseitestellen.
Die Zucchini diagonal in etwa 5 mm dicke Scheiben schneiden. Mehl und Paprikapulver in einem Gefrierbeutel mischen. Ei und Milch in einer Schüssel verquirlen.
Die Zucchini zum Paprikamehl in den Beutel geben und gut mischen. Herausnehmen und überschüssiges Mehl abschütteln. Eine Pfanne 1 cm hoch mit Öl füllen. Die Zucchinischeiben einzeln in die Eimischung tauchen und

nebeneinander in das heiße Fett gleiten lassen. Die Scheiben portionsweise 2 Minuten knusprig goldbraun ausbacken; dabei nicht zu viele Zucchinischeiben auf einmal ausbacken, da sie sonst nicht knusprig werden. Die Zucchinischeiben aus der Pfanne heben und auf Küchenpapier gut abtropfen lassen.

Mit etwas Salz bestreuen und heiß servieren. Dazu die Pinienkernsauce reichen.

## Champiñónes al ajillo- Knoblauchchampignons

500 g Champignons
4 EL spanisches Olivenöl
4 Knoblauchzehen
1 getrocknete Chilischote
1 Bund glatte Petersilie
Grobes Meersalz

Die Champignons mit einem Tuch säubern und die Stiele dicht am Hut abschneiden. Große Champignons halbieren oder vierteln. Knoblauch schälen und in Scheiben schneiden. Das Olivenöl in einer Pfanne erhitzen. Den Knoblauch und die Chilischote darin 30- 60 Sekunden leicht bräunen. Die Champignons zufügen und bei starker Hitze und unter häufigem Rühren braten, bis die Pilze das gesamte Öl aufgenommen haben. Auf schwache Hitze herunterschalten. Wenn die Pilze ihren Saft abgegeben haben, wieder hochschalten und weitere 5 Minuten unter Rühren schmoren, bis der Saft verdampft ist. Nach Geschmack salzen. Die Petersilie unterrühren und kurz erhitzen.

Die Champignons in eine vorgewärmte Schale füllen und sehr heiß oder warm servieren. Dazu Baguette zum Auftunken der Sauce reichen.

# Champiñónes rellenos- Gefüllte Champignons

6 Riesenchampignons
150 g Butter
4 Knoblauchzehen
100g frische Semmelbrösel
1 EL frisch gehackter Thymian
Salz
Pfeffer

Den Backofen auf 200 Grad vorheizen. Die Butter in einer Schüssel schaumig rühren, den durchgepressten Knoblauch untermischen. Die Stiele der Champignons entfernen, mit den Lamellen nach oben auf ein Backblech legen und zwei Drittel der Knoblauchbutter darauf verteilen.

Die restliche Knoblauchbutter in einer Pfanne zerlassen. Die Semmelbrösel darin bei schwacher Hitze unter häufigem Rühren goldbraun rösten. Vom Herd nehmen und in eine Schüssel geben. Den Thymian unterrühren und mit Salz und Pfeffer abschmecken. Das Ei leicht verquirlen, zufügen und gründlich untermischen. Die Semmelbröselmischung auf die Pilzhüte verteilen. Im Ofen 15 Minuten backen, bis die

Champignons weich sind und die Füllung goldbraun ist. Heiß oder warm servieren.

# Corazones de alcachofa en salsa de Tomate- Artischokenherzen in Tomatensoße

16 Artischockenherzen aus dem Glas
2 Zwiebeln
2 Knoblauchzehen
4 reife Tomaten
1 EL Rapsöl zum Braten
4 EL milder Weißweinessig
50 ml trockener Sherry
4 EL spanisches Olivenöl
3 EL gehackte gemischte mediterrane Kräuter (TK)
Salz
Pfeffer
Zucker

Zwiebeln und Knoblauch schälen und fein hacken. Die Tomaten 30 Sekunden mit kochendem Wasser überbrühen, anschließend häuten, entkernen und klein würfeln.
Das Öl erhitzen. Zwiebeln und Knoblauch darin glasig dünsten. Tomaten zugeben und ca. 10 Minuten schmoren lassen. Vom Herd nehmen und abkühlen lassen. Essig und Sherry vermischen, das Olivenöl zugeben. Gut verquirlen und unter die Tomaten rühren. Die Kräuter unterrühren. Mit Salz, Pfeffer und Zucker abschmecken und etwa 20 Minuten einköcheln lassen. Dann etwas abkühlen lassen.

Die Artischockenherzen abtropfen, halbieren und in eine flache Form geben. Die Tomatensalsa darübergießen. Zugedeckt mindestens 3 Stunden im Kühlschrank durchziehen lassen.

## Empanadas de Tomate y Queso de Cabra- Tomaten- Ziegenkäse- Pastetchen

1 Zucchini
50 g getrocknete Tomaten in Öl
1 Knoblauchzehe
250 g fertigen Blätterteig, TK auftauen, oder frisch
150 g Ziegenfrischkäse
Mehl zum Bestäuben
Salz
Pfeffer

Zucchini in sehr dünne Scheiben schneiden. Die Tomaten abtropfen lassen, dabei das Öl auffangen. Die Tomaten fein hacken. Knoblauchzehe durchpressen. Den Backofen auf 200 Grad vorheizen. Das Backblech leicht mit Wasser anfeuchten. 1 Esslöffel des Tomatenöls in einer Pfanne erhitzen, dann die Zucchinischeiben zugeben und bei mittlerer Hitze unter Rühren 8- 10 Minuten braten. Den Knoblauch zugeben und 30 Sekunden braten. Vom Herd nehmen und abkühlen lassen.
Den Blätterteig auf eine bemehlte Arbeitsfläche geben und dünn ausrollen. Mit einem Glas (8 cm Durchmesser) 12 Kreise ausstechen. Falls nötig, die Teigreste verkneten, ausrollen und wieder Kreise ausstechen. Die Kreise auf das

Backblech geben und jeweils drei- bis viermal mit einer Gabel einstechen. Zucchinischeiben und Tomaten auf die Kreise verteilen, dabei jeweils einen 1 cm breiten Rand frei lassen. Auf jeden Kreis 1 TL Ziegenkäse geben, etwas Tomatenöl darüberträufeln und mit Salz und Pfeffer bestreuen.

Die Pastetchen 10- 15 Minuten backen. Der Teig sollte stark aufgehen und leicht anbräunen. Warm servieren.

## Empanadillas de Espinacas- Teigtaschen mit Spinat

Für den Teig:
50 g Butter
75 ml Weißwein
300 g Mehl
Salz
Für die Füllung:
2 Knoblauchzehen
500 g Spinat
1 rote Paprikaschote
75 g Ziegenkäse
Salz
Pfeffer
Öl zum Braten und Frittieren, Mehl für die Arbeitsfläche

l. Butter, Wein und 75 ml Wasser in einem Topf erhitzen (nicht kochen lassen). Vom Herd nehmen und mit Mehl und eine Prise Salz verrühren. Den Teig durchkneten und 2 Stunden kalt stellen

Für die Füllung Knoblauch schälen und hacken. Den Spinat waschen, trocken schütteln und klein schneiden. Paprika putzen, halbieren, entkernen, waschen und klein würfeln. Ziegenkäse in kleine Würfel schneiden. 1 EL Öl in einer Pfanne erhitzen. Den Knoblauch darin kurz anbraten, dann den Spinat zugeben und etwa 5 Minuten mitdünsten, bis die Flüssigkeit verkocht ist. Die Paprikawürfel unterrühren und etwa 1 Minute mitgaren. Die Mischung aus der Pfanne nehmen und abtropfen lassen. Den Ziegenkäse unterrühren und alles mit Salz und Pfeffer abschmecken.

Den Teig auf einer bemehlten Arbeitsfläche ausrollen und etwa 10 cm große Kreise ausstechen. Jeweils etwas von der Füllung auf einer Teighälfte verteilen, die andere Hälfte darüber schlagen. Den Teigrand mit einer Gabel festdrücken. Reichlich Öl erhitzen und die Teigtaschen darin schwimmend ausbacken.

# Empanadillas de queso y aceitunas- Käse- Oliven- Empanadillas

100 g Goudakäse
50 g entsteinte grüne Oliven
75 g getrocknete Tomaten in Öl
50 g eingelegte Sardellenfilets
Pfeffer
50 g Pesto rosso
500 g Bätterteig, TK oder frisch
Mehl zum Bestäuben
1 Ei, Größe L

Tomaten und Sardellenfilets abtropfen lassen. TK-Blätterteig auftauen lassen. Den Backofen auf 200 Grad vorheizen.

Den Käse in kleine Würfel schneiden. Oliven, Tomaten und Sardellenfilets in etwa ebenso große Stücke schneiden. Alle klein geschnittenen Zutaten in eine Schüssel geben, mit Pfeffer abschmecken und vorsichtig mischen. Pesto rosso unterrühren.

Den Blätterteig auf einer leicht bemehlten Arbeitsfläche dünn ausrollen. Mit einem runden Ausstecher (8 cm Durchmesser) Kreise ausstechen. Die Teigreste erneut ausrollen und weitere Kreise ausstechen. Mit einem Teelöffel die Füllung in die Mitte der Teigkreise setzen.

Den Teig am Rand leicht mit Wasser befeuchten, über der Füllung zu einem Halbkreis zusammenfalten und die Ränder mit den Fingern fest zusammendrücken. Mit der Spitze eines scharfen Messers jede Teigtasche einschneiden. Die Teigtaschen können direkt gebacken oder kalt gestellt werden.

Die Teigtaschen auf mit Wasser befeuchtete Backbleche setzen und mit dem Ei bestreichen. Im vorgeheizten Ofen 10- 15 Minuten goldbraun und knusprig backen. Die Empanadillas heiß, warm oder kalt servieren.

# Ensalada de alcachofas y espárragos-Artischocken- Spargel- Salat

400 g eingelegte Artischockenherzen
500 g grüner Spargel
2 EL frisch gepresster Orangensaft
1 TL abgeriebene Orangenschale
2 EL spanisches Olivenöl
1 TL milder Senf
Salz
Pfeffer
Salatblätter zum Servieren

Die holzigen Enden der Spargelstangen entfernen. Die Stangen auf gleiche Länge schneiden und locker mit Küchengarn zusammenbinden. Wenn Sie einen Spargelkochtopf haben, die Stangen nicht zusammenbinden, sondern einfach in den Korb stellen.
Salzwasser in einem hohen Topf aufkochen. Den Spargel hineinstellen (die Spitzen sollten nicht im Wasser sein), den Herd herunterschalten und den Spargel 10- 15 Minuten weich köcheln. Zur Garprobe eine Stange knapp über dem Wasser mit einem scharfen Messer einstechen. Abgießen, kalt abschrecken und abtropfen lassen.
Den Spargel in 2,5 cm lange Stücke schneiden. Die Artischockenherzen abtropfen lassen, in kleine Spalten schneiden und mit dem Spargel in einer Schüssel mischen.
Orangensaft, Orangenschale, Öl und Senf verquirlen und mit Salz und Pfeffer würzen. Kurz vor dem Servieren das Dressing über die Spargel-Artischocken-Mischung geben und vorsichtig umrühren. Salatblätter in Servierschalen

anrichten und den Salat daraufgeben. Sofort servieren. Alternativ die Spargel- Artischocken-Mischung und das Dressing bis zum Servieren getrennt abgedeckt kalt stellen.

# Ensalada de judías mixtas- Gemischter Bohnensalat

200 g dicke Bohnen, frisch oder Tiefkühlware aufgetaut
125 g Buschbohnen, frisch oder Tiefkühlware aufgetaut
125 g Zuckererbsen
1 Schalotte
1 Bund frische Minze
4 EL spanisches Olivenöl
1 EL Sherry-Essig
1 Knoblauchzehe
Salz
Pfeffer

Salzwasser in einem großen Topf aufkochen. Die dicken Bohnen hineingeben, die Hitze reduzieren und die Bohnen abgedeckt ca. 7 Minuten köcheln lassen. Herausnehmen, kalt abschrecken und abtropfen lassen. Die äußere Haut der Bohnen entfernen.

Unterdessen das Salzwasser erneut aufkochen. Buschbohnen und Zuckererbsen hineingeben und wieder aufkochen. Einige Minuten köcheln lassen. Abgießen und kalt abschrecken. Gut abtropfen lassen.

Schalotte abziehen und in kleine Würfel schneiden. Dicke Bohnen, Buschbohnen, Zuckererbsen und Schalottenwürfel in einer Schüssel mischen. Minzeblätter abzupfen, die Hälfte der Blätter zur Bohnenmischung geben, die andere Hälfte fein hacken.

Olivenöl, Essig, durchgepresste Knoblauchzehe und gehackte Minze in einer anderen Schüssel verquirlen. Mit Salz und Pfeffer würzen. Das Dressing über die Bohnenmischung geben und vorsichtig umrühren. Abgedeckt bis zum Servieren kalt stellen.

# Ensalada de patatas- Kartoffelsalat

500 g festkochende Kartoffeln
150 ml spanisches Olivenöl
Salz
Pfeffer
5 EL Weißweinessig
2 Knoblauchzehen

Kartoffeln waschen und mit der Schale in dünne Scheiben schneiden. Knoblauchzehen durchpressen.
In einer Pfanne 4 Esslöffel Öl erhitzen. Die Kartoffelscheiben hineingeben, nach Belieben salzen und pfeffern und bei schwacher Hitze 10 Minuten dünsten, die Pfanne dabei gelegentlich leicht schütteln. Die Kartoffeln wenden und weitere 5 Minuten garen. Sie sollten weich, aber nicht gebräunt sein.
Unterdessen den Essig in einen kleinen Topf geben. Knoblauch und Pfeffer nach Belieben zufügen. Alles aufkochen, dann das restliche Olivenöl unterrühren.
Die Kartoffeln in eine Schüssel geben und mit dem Dressing übergießen. Vorsichtig umrühren und 15 Minuten ziehen lassen. Warm servieren.

# Ensalada de pimientos asados- Salat mit gegrillter Paprika

500 g rote Paprikaschoten
1 Tomate
1 Gemüsezwiebel
Saft von 1 Orange
1 TL Weißweinessig
½ Bund glatte Petersilie
1 EL spanisches Olivenöl
Salz
Pfeffer

Den Backofen auf 180 Grad vorheizen. Ein Backblech mit Backpapier auslegen, Paprika waschen, halbieren und mit der Schnittfläche nach unten auf das Backblech legen. Tomate waschen, kreuzweise leicht einschneiden. Zwiebel schälen und halbieren. Beides ebenfalls auf das Backblech legen. Das Gemüse etwa 50 Minuten im Ofen rösten lassen, bis die Paprikaschale dunkle Blasen wirft. Etwas abkühlen lassen.

Die Tomate schälen, entkernen, das Fruchtfleisch klein schneiden und mit dem Orangensaft in einen kleinen Topf geben. Essig hinzufügen und die Flüssigkeit bei kleiner Hitze etwas einreduzieren lassen.

Inzwischen die Paprikahälften schälen, entkernen und in Streifen schneiden. Die Zwiebel ebenfalls in Streifen schneiden. Petersilie waschen, trocken schütteln und klein hacken. Alle Zutaten zusammen mit dem Olivenöl in einer Schüssel vermischen. Mit Salz und Pfeffer abschmecken.

# Ensalada de tomates y aceitunas- Tomaten- Oliven- Salat

4 Tomaten
16 gefüllte Oliven (Paprika oder Sardelle)
½ Salatgurke
1 rote Zwiebel
1 EL eingelegte Kapern
2 Chicoree- Salate
2 EL Weißweinessig
4 EL spanisches Olivenöl
1 Knoblauchzehe
1 TL mildes Paprikapulver
Salz
Pfeffer

Tomaten häuten und in Würfel schneiden. Salatgurke und Zwiebel schälen und würfeln. Kapern und Oliven abtropfen lassen. Chicoree in Blätter zerteilen und waschen.
Für das Dressing Essig, Olivenöl, Knoblauch und Paprikapulver in einer Schüssel verquirlen. Salzen, pfeffern und beiseitestellen. Tomaten, Oliven, Gurke, Zwiebel und Kapern in eine andere Schüssel geben. Das Dressing darübergießen und unterheben. Salatschälchen mit Chicoréeblättern auslegen und den Salat verteilen.

# Ensaladilla rusa- Russischer Salat

3 Kartoffeln
2 Möhren
125 g Erbsen (TK)
1 rote Paprikaschote

1 EL Kapern
1 Eigelb, Größe L
Pfeffer
Saft + abgeriebene Schale von 1/2 unbehandelten Zitrone
100 ml Rapsöl
2 Eier, Größe L
1 EL gehackte Petersilie

Kartoffeln und Möhren schälen, putzen, waschen und in kleine Würfel schneiden. In wenig kochendem Salzwasser bissfest garen. Die Erbsen 1 Minute mit kochendem Wasser überbrühen. Paprika waschen, putzen, entkernen und in feine Würfel schneiden. Kapern abtropfen lassen.
Eigelb mit Salz, Pfeffer, Zitronensaft und -schale in einen Becher gut verrühren. Den Stabmixer einschalten und das Öl langsam hineinlaufen lassen, bis eine cremige Mayonnaise entsteht. Mit Salz und Pfeffer abschmecken.
Alle Zutaten mit der Mayonnaise vermischen und den Salat mindestens 30 Minuten durchziehen lassen. In der Zwischenzeit die Eier hart kochen und in Würfel schneiden. Den Ensaladilla mit Eiwürfeln und Petersilie bestreut servieren.

# Gazpacho- Kalte Gemüsesuppe

1 kg reife Tomaten
500 g rote Paprikaschoten
200 g grüne Paprikaschoten
1 Schlangengurke
1 große Zwiebel
1 Knoblauchzehe
2 Scheiben weißes Toastbrot

150 ml spanisches Olivenöl
 75 ml Essig
Salz
Croutons für die Einlage

Für die Einlage: Je eine rote und grüne Paprikaschote, eine halbe Schlangengurke und eine halbe Zwiebel in feine kleine Stückchen schneiden. Getrennt in kleine Schälchen füllen und kalt stellen.
Gazpacho: Paprika von den Kernen entfernen, Knoblauch schälen.
Alle Zutaten in grobe Stücke schneiden, in eine tiefe Schüssel geben und mit dem Pürierstab so lange zerkleinern, bis eine feine dünnflüssige Masse entstanden ist. Anschließend Essig, dann Öl zugeben und kurz weiterpürieren, bis alles gut vermischt ist. Mit Salz abschmecken. Gazpacho im Kühlschrank 1 Stunde kaltstellen.
Zum Servieren Gazpacho in kleine Schälchen füllen und mit den Gemüsestückchen und Croutons bestreuen.

# Gazpacho gelatinizado- Gelierte Gemüsesuppe

3 Blätter weiße Gelatine
350 g Tomaten
1/2 kleine Salatgurke
1/4 Chili
1 Schalotte
½ Staudensellerie (kleine Stange)
Salz

$\frac{1}{4}$ Zitrone
1 Zweig Minze

Gelatine in kaltem Wasser einweichen. Tomaten kreuzweise einritzen, mit kochendem Wasser überbrühen, kalt abspülen und die Haut abziehen. Tomaten halbieren, entkernen und das Fruchtfleisch grob zerkleinern. Die Gurke schälen, halbieren und die Kerne mit einem Teelöffel herauskratzen. Etwa die Hälfte vom Fruchtfleisch ganz fein würfeln und beiseite stellen. Den Rest grob würfeln.

Die Chilischote abspülen, halbieren und entkernen (mit Küchenhandschuhen arbeiten). Chili sehr fein hacken. Schalotte abziehen und fein würfeln. Staudensellerie putzen und entfädeln, abspülen und ebenfalls fein würfeln.

Alle vorbereiteten Zutaten bis auf die feinen Gurkenwürfel im Mixer pürieren und mit Salz und Zitronensaft abschmecken. Die Minze abspülen, trocken tupfen und die abgezupften Blätter fein hacken. Etwa 2/3 davon unter die Gazpacho rühren. Gelatineblätter ausdrücken und in 2 EL heißem Wasser auflösen. Flüssige Gelatine nach und nach mit dem Püree verrühren.

Das Gazpacho in 4 kleine Espressotassen füllen und für mindestens 2 Stunden zum Gelieren in den Kühlschrank stellen. Restliche Gurkenwürfel und gehackte Minze mischen, leicht salzen und die Gazpacho kurz vor dem Servieren damit bestreuen.

# Higos de queso azul- Feigen mit Blauschimmelkäse

8 Feigen
250 g Blauschimmelkäse
Spanisches Olivenöl
Karamellisierte Mandeln:
100 g Zucker
100 g ganze blanchierte Mandeln
Butter zum Einfetten

Zuerst die karamellisierten Mandeln zubereiten. Dafür den Zucker in einem Topf bei mittlerer Hitze unter Rühren schmelzen und goldbraun werden lassen. Sobald die Mischung kocht, nicht mehr rühren. Vom Herd nehmen, die Mandeln einzeln hineingeben und mit einer Gabel im Karamell wenden. Wenn der Karamell hart wird, den Topf wieder auf den Herd stellen. Die Karamell-Mandeln auf ein dünn eingefettetes Backblech geben. Abkühlen und fest werden lassen.
Zum Servieren die Feigen halbieren und je 2 Hälften auf Tellern anrichten. Die Mandeln von Hand grob hacken. Den Blauschimmelkäse auf die Teller häufen und mit den Mandeln bestreuen. Die Feigen mit ein wenig Olivenöl beträufeln.

# Hortalizas estofadas- Geschmortes Gemüse

1 Aubergine
5 EL spanisches Olivenöl
1 Zwiebel
2 Knoblauchzehen
2 Zucchini
1 rote Paprika
1 grüne Paprika
750 g Tomaten
1 Bund glatte Petersilie
Salz
Pfeffer

Die Aubergine in große Würfel schneiden. Zwiebel häuten und in Ringe schneiden. Knoblauch durch die Knoblauchpresse drücken, oder in feine Würfel schneiden. Zucchini in dünne Scheiben schneiden. Paprika entkernen und in dünne Streifen schneiden. Tomaten häuten, entkernen und in Würfel schneiden. Petersilie waschen, Stile entfernen und fein hacken.

Das Öl in einer großen hohen Pfanne erhitzen. Die Zwiebel hineingeben und bei mittlerer Hitze unter gelegentlichem Rühren glasig dünsten. Den Knoblauch zugeben und 30 Sekunden braten.

Die Hitze etwas erhöhen, dann die Auberginenwürfel unter gelegentlichem Rühren 10 Minuten von allen Seiten anbraten. Zucchini und Paprika zugeben und unter gelegentlichem Rühren weitere 10 Minuten braten. Die

Tomatenwürfel zugeben und alles mit Salz und Pfeffer würzen.

Die Mischung kurz aufkochen lassen und dann einen Deckel aufsetzen. Die Hitze reduzieren und 15- 20 Minuten schmoren. Gelegentlich umrühren, damit das Gemüse nicht am Boden haften bleibt. Falls nötig, den Deckel abnehmen und die überschüssige Flüssigkeit einkochen.

Das Gemüse heiß oder kalt servieren. Mit Petersilie bestreuen und nach Belieben mit Baguette anrichten.

## Judías verdes con piñónes- Grüne Bohnen mit Pinienkernen

50 g Pinienkerne
1 TL mildes Paprikapulver
500 g grüne Bohnen
1 Zwiebel
2 EL spanisches Olivenöl
1 Zwiebel
1 Knoblauchzehe
½ Zitrone
Salz
Pfeffer

Eine Pfanne erhitzen und die Pinienkerne darin unter ständigem Rühren 1 Minute goldbraun rösten. Herausnehmen und mit dem Paprikapulver bestreuen. Beiseitestellen.

Die Bohnen putzen und mit Wasser in einen Topf geben und ca. 15 Minuten bissfest garen. Anschließend in einem Sieb abschütten und mit kaltem Wasser abspülen, sodass die grüne Farbe erhalten bleibt und die Bohnen nicht nachweichen. Abtropfen lassen.

Die Zwiebel und den Knoblauch häuten und in kleine Würfelchen schneiden. Zitrone auspressen.

Das Öl in der Pfanne erhitzen. Die Zwiebel darin glasig dünsten und leicht bräunen. Den Knoblauch zugeben und 30 Sekunden anbraten.

Die Bohnen in die Pfanne geben und unter ständigem Rühren 2- 3 Minuten erhitzen. Mit Salz und Pfeffer abschmecken. Mit dem Zitronensaft beträufeln und umrühren. Mit den gerösteten Pinienkernen bestreuen und heiß servieren.

# Manchego frito- Frittierter Manchegokäse

200 g Manchegokäse
2 EL Mehl
Salz
Pfeffer
1 Ei, Größe M
1 TL Wasser
200 g Paniermehl
Öl zum Frittieren
Zahnstocher

Den Käse in 2 cm dicke Dreiecke oder in ca. 2 cm große Würfel schneiden. Das Mehl in einen Gefrierbeutel geben und mit Salz und Pfeffer würzen. Das Ei in einen tiefen Teller schlagen und mit dem Wasser verquirlen. Die Paniermehl auf einem großen Teller verteilen.

Die Käsestücke gleichmäßig im Mehl wenden, dann in das Ei tauchen. Abschließend rundum in den Semmelbröseln panieren. Auf einen großen Teller legen und bis zum Frittieren kalt stellen.

Kurz vor dem Servieren eine hohe Pfanne oder Fritteuse 3 cm hoch mit Öl füllen und das Öl auf 180-190 Grad erhitzen (ein Brotwürfel sollte darin in 30 Sekunden bräunen). Je etwa 4 bis 6 panierte Käsestücke in das Öl geben und 1- 2 Minuten goldbraun frittieren, bis der Käse zu schmelzen beginnt, dabei einmal wenden. Unbedingt darauf achten, dass das Öl heiß genug ist und nicht zu viele Stücke auf einmal frittiert werden, da die Panade sonst zu langsam knusprig wird und der Käse ausläuft.

Den frittierten Käse mit aus der Pfanne nehmen und auf Küchenpapier gut abtropfen lassen. Heiß mit Zahnstochern servieren.

# Mousse de habas con menta- Bohnenmousse mit Minze

400 g dicke Bohnen
250 g Ziegenfrischkäse
1 Knoblauchzehe
2 Frühlingszwiebeln
1 EL spanisches Olivenöl
1 unbehandelte Zitrone
2 Bund Minze
Salz
Pfeffer
1 Baguette

Bohnen aus der Schote nehmen. Knoblauchzehe durch die Knoblauchpresse drücken. Frühlingszwiebeln fein hacken.

Zitrone heiß abwaschen, Schale abreiben und auspressen, 2 EL werden benötigt. Minze waschen und die Blätter von den Stielen zupfen. Baguette in Scheiben schneiden.

Die Bohnen 5 Minuten in kochendem Wasser garen, abgießen, abtropfen und abkühlen lassen. Die Bohnen einzeln aus der Haut drücken und in ein einen Mixer geben. Ziegenkäse, Knoblauch, Frühlingszwiebeln, Öl, Zitronensaft und -schale und die Minzeblätter zugeben und alles mit einem Stabmixer zu einer Paste verarbeiten. Mit Salz und Pfeffer abschmecken. Abdecken und bis zum Servieren in den Kühlschrank stellen.

Zum Servieren die Baguettescheiben im Backofen von beiden Seiten anbräunen. Dann herausnehmen und sofort mit der Mousse bestreichen. Noch heiß servieren.

## Mousse de manchego- Manchego- Mousse

2 Blätter Gelatine
150 g Manchego
75 g Schlagsahne
1 Ei
Instantbrühe
Salz

Gelatine in kaltem Wasser einweichen. Käsestück reiben und zusammen mit der Sahne langsam unter Rühren erhitzen, bis der Käse geschmolzen ist.

Das Ei trennen. Das Eigelb vorsichtig mit einem Schneebesen unter die leicht abgekühlte Sahne rühren. Die Gelatine gut ausdrücken und unter Rühren darin auflösen.

Wenn die Käsesahne anfängt zu gelieren, Eiweiß steif schlagen und unter die Käsesahne heben. Die Mousse mit etwas Brühe, Salz und Pfeffer abschmecken und in eine schmale, mit Frischhaltefolie ausgelegte Form füllen. Abgedeckt für mindestens 2 Stunden in den Kühlschrank stellen.

Die Mousse aus der Form stürzen und mit Baguette servieren.

## Pan de tomate- Tomatenbrot

4 Scheiben Weißbrot
2 reife Tomaten
1 Knoblauchzehe
2 EL spanisches Olivenöl

Tomate halbieren und Knoblauchzehe durchpressen.
Den Backofengrill vorheizen und die Brotscheiben von beiden Seiten goldbraun rösten. Je eine Tomatenhälfte über eine Brotscheibe reiben. Nach Belieben mit dem Knoblauch bestreuen und mit dem Olivenöl beträufeln. Sofort servieren.

## Papas arrugadas con mojo rojo y mojo verde- Schrumpelkartoffeln mit roter und grüner Mojo- Soße

Papas arrugadas:
500 g   kleine Kartoffeln

100 g grobes Meersalz

Kartoffeln abwaschen, in einen Topf geben, mit Wasser bedecken und Salz zugeben. Ohne Deckel kochen, bis die Kartoffeln gar sind. Salzwasser abschütten, Kartoffeln nicht abspülen und den Topf sofort wieder auf die ausgeschaltete Herdplatte stellen. Mit einem Deckel schließen und mehrmals den Topf schütteln, bis sich eine Salzkruste auf der Schale abgesetzt hat.

Tipp: Sollten bereits die Kartoffeln bei der Garprobe zu salzig sein, nach dem Wasserabschütten die Kartoffeln abspülen, dann wieder mit einem Deckel auf die Herdplatte stellen und sie kurz nachziehen lassen bis sich eine leichte Salzkruste bildet.

Mojo rojo:
2 Paprikaschoten
4- 6 Knoblauchzehen
1 TL süßes Paprikapulver
1 TL gemahlener Kümmel
1 kleine, getrocknete Chilischote
30 ml Essig
100 ml spanisches Olivenöl
Salz

Paprika und Knoblauch putzen und in grobe Stücke schneiden.

Beides in einen Mixbecher geben und mit dem Pürierstab fein zerkleinern. Essig zufügen, weiterpürieren. Anschließend das Öl langsam einfließen lassen und weiterpürieren bis eine cremige Masse entsteht. Mit Salz abschmecken.

Tipp: Im Kühlschrank hält die Mojosoße mind. 1 Woche.

Mojo verde:
1 Bund frische glatte Petersilie
2 Knoblauchzehen
125 ml Öl
25 ml Essig
Salz

Petersilie von den Stilen befreien, Knoblauch schälen und grob zerkleinern. Beides mit Essig in einen Messbecher geben und mit dem Pürierstab zerkleinern. Öl zufließen lassen und weiter pürieren, bis eine cremige Masse entsteht. Mit Salz abschmecken.
Die Mojosoßen in kleine Schälchen füllen und mit den warmen Kartoffeln servieren. Kalte Kartoffeln können in der Mikrowelle kurz erhitzt werden.
entsteht. Mit Salz abschmecken.
Die Mojosoßen in kleine Schälchen füllen und mit den warmen Kartoffeln servieren. Kalte Kartoffeln können in der Mikrowelle kurz erhitzt werden.

# Patatas bravas con salsa picante-Kartoffeln mit pikanter Soße

Für die Kartoffeln:
500 g Kartoffeln
1 EL spanisches Olivenöl
grobes Meersalz
Pfeffer
1 EL mildes Paprikapulver

Für die Sauce:
1 kleine Zwiebel
2 Knoblauchzehen
1/2 rote Chilischote
150 g eingelegte geröstete, geschälte Paprika (aus dem Glas)
1 EL spanisches Olivenöl
50 ml spanischer Weißwein
Salz

Den Backofen auf 200 Grad vorheizen. Ein Backblech mit Backpapier auslegen. Die Kartoffeln schälen, waschen und in grobe Würfel schneiden. Mit Olivenöl, Meersalz, Pfeffer und Paprikapulver vermischen und auf dem Backblech verteilen. Etwa 25- 30 Minuten goldbraun backen.
Für die Sauce Zwiebel und Knoblauch schälen und klein würfeln. Chili waschen, putzen, entkernen und klein hacken. Paprika abtropfen lassen und grob zerschneiden.
Das Öl in einem Topf erhitzen und Zwiebel und Knoblauch darin bei schwacher Hitze etwa 8 Minuten anschwitzen, ohne dass sie Farbe annehmen. Chili und Paprika dazugeben und bei mittlerer Hitze anbraten. Mit Weißwein ablöschen, mit Salz würzen und abgedeckt weitere 5- 10 Minuten köcheln lassen. Anschließend pürieren. Die Sauce zu den warmen Kartoffeln servieren.

# Patatas con salsa de aioli- Kartoffeln mit Aioli- Soße

500 g kleine Kartoffeln
100 g grobes Meersalz
2 Eier, Größe L

2 El Weißweinessig
3 Knoblauchzehen
100 ml Rapsöl
1 Prise Salz und Pfeffer

Für die Aioli die zimmerwarmen Eier trennen. Knoblauch schälen und in Stücke schneiden. Eigelb, Essig und Knoblauch sowie Salz und Pfeffer im Gefäß kurz mit einem Stabmixer mischen. Bei laufendem Gerät sehr langsam das Öl zugießen, bis die Mischung eindickt, und alles zu einer glatten Sauce verarbeiten.
Alternativ ein Glas Mayonnaise mit 4 durchgepressten Knoblauchzehen vermengen. Mit Salz und Pfeffer und etwas Zitronensaft abschmecken.
Kartoffeln in einen großen Topf mit kaltem Salzwasser geben und weich kochen. Abgießen und in eine Schale geben.
Die gekochten Kartoffeln können separat zur Aioli- Soße serviert werden, oder sofort mit der Aioli- Soße übergossen werden. Beides ist ein Genuss. Sie sollten die Kartoffeln jedoch warm servieren.

# Patatas picantes- Würzige Kartoffelecken

4 TL mildes Paprikapulver
1 TL gemahlener Kreuzkümmel
$\frac{1}{2}$ TL Cayennepfeffer
1 gestrichener TL Salz
500 g Kartoffeln
Öl zum Frittieren

Paprikapulver, Kreuzkümmel, Cayennepfeffer und Salz in einer kleinen Schüssel gut mischen. Beiseitestellen.

Die Kartoffeln in Spalten schneiden. Eine hohe Pfanne 3 cm mit Öl füllen und erhitzen. Die Kartoffelecken darin nebeneinander bei mittlerer Hitze unter gelegentlichem Wenden 10 Minuten von allen Seiten goldbraun frittieren. Herausnehmen und auf Küchenpapier abtropfen lassen. Die noch heißen Kartoffelecken in eine große Schüssel geben. Mit der Gewürzmischung bestreuen und vorsichtig mischen.

Tipp: Nach Belieben dazu Aioli als Dip reichen.

# Pimientos de miel y almendras-Paprikagemüse mit Honig und Mandeln

1 kg rote Paprika
4 EL spanisches Olivenöl
3 Knoblauchzehen
30 g gehobelte Mandeln
2 EL Akazienhonig
2 EL Weißweinessig
1 Bund glatte Petersilie
Salz
Pfeffer

Den Backofengrill auf 200 Grad vorheizen. Paprika vierteln und entkernen. Knoblauchzehen abziehen und in dünne Scheiben schneiden. Petersilie waschen, Blätter von den Stielen abziehen und fein hacken.

Die Paprika auf ein Backblech legen und auf der oberen Schiene ca. 10 Minuten rösten, bis die Haut schwarz wird und Blasen wirft. Die Paprika in einen Gefrierbeutel geben und den Beutel verschließen. Abkühlen lassen.

Wenn die Paprika abgekühlt sind, die Haut abziehen. Das Fleisch in Stücke schneiden und in eine Schüssel geben.

Das Olivenöl in einer Pfanne erhitzen. Den Knoblauch darin bei schwacher Hitze unter häufigem Rühren goldgelb braten. Mandeln, Honig und Essig untermischen. Über die Paprika geben. Die Petersilie zufügen und nach Geschmack salzen und pfeffern. Mehrfach gut verrühren.

Auf Zimmertemperatur abkühlen lassen, dann in Tapasschälchen anrichten.

Tipp: Die Paprika können abgedeckt im Kühlschrank aufbewahrt werden, sollten aber zum Servieren wieder zimmerwarm sein.

# Pimientos de padrón- Gebratene Paprikaschoten

250 g Pimientos de Padrón
Spanisches Olivenöl zum Braten
Grobes Meersalz oder Flor de Sal

Die Pimientos waschen und trocken reiben (die Stiele dranlassen). In einer Pfanne reichlich Öl erhitzen. Die Pimientos im Ganzen braten, bis Sie rundherum weich sind und die Haut Blasen wirft. Die Pimientos mit Salz bestreuen und sofort servieren.

Alternativ können die Pimientos auch in einer Friteuse portionsweise frittiert werden. Nach dem herausnehmen auf Küchenpapier abtropfen lassen und dann mit Salz bestreuen.

# Pimientos de queso picante- Paprika mit pikantem Käse

1 rote Paprika
1 gelbe Paprika
150 g scharf gewürzter Käse
1 EL flüssiger Blütenhonig
1EL Weißweinessig
Salz
Pfeffer

Den Backofengrill vorheizen. Die Paprika auf ein Backblech legen. Unter dem Grill auf der oberen Schiene ca.10 Minuten rösten, bis die Haut schwarz wird und Blasen wirft. Die Paprika mit in einen Gefrierbeutel geben und den Beutel verschließen. Abkühlen lassen. Die Paprika häuten und entkernen. Auf einem Teller anrichten und mit dem in Würfel geschnittenen Käse bestreuen.
Honig und Essig in einer Schüssel verrühren und mit Salz und Pfeffer abschmecken. Das Dressing über die Paprika geben. Bis zum Servieren abgedeckt kalt stellen.

# Pimientos del piquillo con queso fresco de cabra- Spitzpaprika mit Ziegenfrischkäse

150 g Ziegenfrischkäse
1 Glas eingelegte Pimientos del Piquillo- eingelegte Spitzpaprika
Pfeffer
Salz

Den Käse in lange Stücke schneiden. Die Paprika abtropfen lassen, seitlich aufschneiden und mit dem Käse füllen.
Auf einer Platte anrichten und mit Salz und Pfeffer würzen.

# Pimientos rellenos con queso de cabra- Gefüllte Paprikaröllchen mit Ziegenfrischkäse

6 rote Spitzpaprika
1 Knoblauchzehe
1 EL spanisches Olivenöl
2 reife Tomaten
200 g Ziegenfrischkäse
200 g Frischkäse
2 EL gehackter Dill
Salz
Pfeffer

Paprika waschen, putzen, der Länge nach vierteln und entkernen. Knoblauch durchpressen. Das Öl in einer Pfanne erhitzen und die Paprikastreifen zusammen mit dem Knoblauch darin zugedeckt bei schwacher bis mittlerer

Hitze etwa 10 Minuten fast gar schmoren lassen. Anschließend im Sud abkühlen lassen.

In der Zwischenzeit die Tomaten waschen, die Stielansätze herausschneiden und kreuzweise einschneiden. Dann mit kochendem Wasser überbrühen, häuten, entkernen und das Fruchtfleisch in kleine Würfel schneiden. Den Ziegenkäse mit dem Frischkäse vermengen und glattrühren. Die Tomaten und den Dill unterheben. Mit Salz und Pfeffer abschmecken.

Die Frischkäsemasse auf den Paprikastreifen verteilen und die Paprikastreifen von der schmalen Seite her aufrollen. Die Röllchen mit einem Zahnstocher feststecken. Den Sud darüber geben und die Röllchen mindestens 1 Stunde durchziehen lassen.

# Pimientos rellenos- Gefüllte Paprikaschoten

1 kg (4-6) gemischte Paprika, rot- gelb-grün
2 Zwiebeln
2 Knoblauchzehen
150 g Parboildreis
50 g Rosinen
50 g Pinienkerne
1 Bund glatte Petersilie
2 EL Tomatenmark
5 EL spanisches Olivenöl, plus Öl zum Bestreichen der Paprika
Salz
Pfeffer

Zwiebeln schälen und fein würfeln. Knoblauch durchpressen. Petersilie waschen und fein hacken. Tomatenmark in 750 ml heißen Wasser einrühren.

Das Öl in einer Pfanne erhitzen. Die Zwiebeln und den Knoblauch glasig andünsten. Reis, Rosinen und Pinienkerne zufügen und gut untermischen. Die Hälfte der Petersilie zugeben und mit Salz und Pfeffer würzen.

Das Tomatenmarkwasser zugießen und aufkochen. Den Herd herunterschalten und die Mischung ohne Deckel unter gelegentlichem umrühren 20 Minuten köcheln lassen, bis der Reis weich ist und kleine Löcher an der Oberfläche zu sehen sind. Achtung, die Rosinen können schnell leicht anbrennen. Die restliche Petersilie untermischen und leicht abkühlen lassen.

Den Backofen auf 200 Grad vorheizen. Während der Reis gart, am Stielansatz einen Deckel von den Paprika abschneiden und beiseitelegen. Samen und Stränge entfernen. Die fertige Füllung gleichmäßig auf die Paprika verteilen. Die Deckel wieder aufsetzen und mit Zahnstochern befestigen. Die Paprika dünn mit Olivenöl bestreichen und nebeneinander in eine Auflaufform setzen. Im Ofen 30 Minuten backen. Heiß servieren oder auf Zimmertemperatur abkühlen lassen.

# Pimientos tibios- Lauwarmes Paprikagemüse

500 g rote Paprika
500 g gelbe Paprika
4 EL spanisches Olivenöl
2 EL Weißweinessig

2 Knoblauchzehen
1 TL Zucker
Salz
Pfeffer
1 EL kleine, eingelegte Kapern
10 schwarze Oliven

Den Backofengrill vorheizen. Die Paprika auf der oberen Schiene unter häufigem Wenden 10 Minuten rösten, bis die Haut schwarz wird und Blasen wirft.

Die Paprika in eine Schüssel geben und mit einem feuchten Geschirrtuch abdecken. 10 Minuten abkühlen lassen. Dann vorsichtig die Haut abziehen. Die Paprika halbieren, Stiel und Kerne entfernen. Das Fleisch in dünne Streifen schneiden und auf einem Teller anrichten.

Die Knoblauchzehen durchpressen. Olivenöl, Essig, Knoblauch und Zucker sowie Salz und Pfeffer mit einem Stabmixer verquirlen und über die Paprikastreifen träufeln. Mit Kapern und Oliven bestreuen.

# Queso de cabra con pesto de tomate-Ziegenkäse mit Tomatenpesto

100 g getrocknete Tomaten
1 TL Zucker
1 Bund Basilikum
1 Knoblauchzehe
1 EL spanisches Olivenöl
1 EI geröstete und gehackte Pinienkerne
50 g Manchego- Käse
Salz
Zucker

400 g Ziegenfrischkäse

Tomaten und Zucker in einen Topf mit 500 ml Wasser geben, aufkochen, dann 10 Minuten köcheln lassen. Anschließend abkühlen lassen. Basilikum waschen, trocken schütteln und grob hacken. Knoblauch schälen. Die Tomaten aus dem Sud nehmen, abtropfen lassen und fein hacken. Mit Basilikum, Knoblauch, Öl, Pinienkernen und Manchego im Mixer pürieren. Mit Salz, Pfeffer und einer Prise Zucker abschmecken.
Den Ziegenfrischkäse in mundgerechte Würfel schneiden und mit dem Pesto servieren.

# Queso de oveja marinado- Marinierter Schafskäse

1 TL Sesamsaat
1/4 TL Kreuzkümmelsamen
4 Tomaten
4 EL spanisches Olivenöl
4 EL Zitronensaft
Salz
Pfeffer
2 TL frisch gehackter Thymian
1 EL frisch gehackte Minze
4 Schalotten
400 g milder Hartkäse aus Schafsmilch

Tomaten entkernen und fein würfeln. Schalotten fein hacken und Käse in kleine Würfel schneiden.

Sesam und Kreuzkümmel in einer Pfanne ohne Fett unter häufigem umrühren anrösten und aufplatzen lassen. Vom Herd nehmen und abkühlen lassen.

Die Tomaten in eine Schüssel geben. Für das Dressing Olivenöl und Zitronensaft in einer zweiten Schüssel verquirlen. Mit Salz und Pfeffer würzen. Thymian, Minze und Schalotten zufügen und gut mischen.

Den Käse in eine dritte Schüssel geben. Die Hälfte des Dressings über die Tomaten geben und leicht umrühren. Abgedeckt 1 Stunde kalt stellen. Das restliche Dressing über den Käse geben. Abgedecken und ca. 1 Stunde kalt stellen.

Zum Servieren die Käsemischung auf Tapaschälchen verteilen und mit der Hälfte der angerösteten Samen bestreuen. Die Tomatenmischung darübergeben und mit den restlichen Samen bestreuen.

# Queso Manchego con salsa de membrillo- Manchego- Käse mit Quittengelee

200 g Aprikosen
150 g Quittengelee
500 g Manchego- Käse
1 EL grob gehackte Mandeln

Die Aprikosen waschen, trocken reiben, halbieren, entsteinen und in kleine Stücke schneiden. Das Quittengelee in einem Topf leicht erwärmen, dann die Aprikosenstücke untermischen.

Den Manchego- Käse in Dreiecke schneiden und mit der Aprikosenmischung servieren. Mit den gehackten Mandeln bestreuen.

## Salsa de berenjena- Auberginen- Dip

1 große Aubergine
2 Frühlingszwiebeln
4 EL spanisches Olivenöl
1 Knoblauchzehe
1 Bund glatte Petersilie
mildes Paprikapulver
Salz
Pfeffer

Die Aubergine in dicke Scheiben schneiden und mit Salz bestreuen. 30 Minuten ziehen lassen, dann abspülen und trocken tupfen.
In einer Pfanne 3 EL Olivenöl auf mittlerer Stufe erhitzen. Die Auberginenscheiben darin auf beiden Seiten weich und leicht braun braten. Aus der Pfanne nehmen und abkühlen lassen.
Lauchzwiebeln putzen und klein schneiden, Knoblauch durchpressen. Das restliche Olivenöl in der Pfanne erhitzen. Frühlingszwiebeln und Knoblauch hineingeben und 3 Minuten glasig dünsten. Vom Herd nehmen und abkühlen lassen. Auberginen, Frühlingszwiebeln und Knoblauch im Mixer zu Püree verarbeiten. Petersilienblätter fein hacken und untermischen. Abschmecken und zum Servieren mit Paprikapulver bestreuen.

# Salsa de berenjena y pimiento- Auberginen- Paprika- Dip

2 große Auberginen
2 rote Paprika
3 EL spanisches Olivenöl
2 Knoblauchzehen
1 unbehandelte Zitrone
1 Bund Koriander
1 TL mildes Paprikapulver
Salz
Pfeffer

Den Backofen auf 200 Grad vorheizen. Auberginen und Paprika rundum leicht mit einer Gabel einstechen und mit 1 Esslöffel Olivenöl bestreichen. Das Gemüse auf ein Backblech legen und im Ofen 45 Minuten rösten, bis die Haut sich schwärzt, das Auberginenfleisch weich wird und die Paprika zusammenfallen.

Auberginen und Paprika in eine Schüssel geben und mit einem feuchten Geschirrtuch abdecken. Alternativ in einen Plastikbeutel legen. 15 Minuten abkühlen lassen.

Die Auberginen längs halbieren, mit einem Löffel das Fleisch auslösen und dieses in grobe Stücke schneiden. Die Paprika entkernen und in grobe Stücke schneiden. Knoblauchzehen durchpressen. Das restliche Olivenöl in einer Pfanne erhitzen. Auberginen und Paprika darin 5 Minuten anbraten. Dann den Knoblauch zufügen und kurz anschwitzen. Den Inhalt der Pfanne auf Küchenpapier abtropfen lassen, dann in den Mixer geben. Koriander hacken, einige Stängel zum Servieren verwahren. Zitronenschale, Zitronensaft, Koriander und Paprikapulver sowie Salz und Pfeffer nach Belieben zufügen und alles zu einem groben Püree verarbeiten. Mit Korianderstängeln garnieren. Warm oder abgekühlt servieren.

# Tomates en ajillo- Knoblauchtomaten

1 kg reife Tomaten
3 Thymianzweige
1 Knoblauchknolle
4 El spanisches Olivenöl
Salz
Pfeffer

Knoblauchknolle auseinanderbrechen und ungeschält lassen.
Den Backofen auf 200 Grad vorheizen. Die Tomaten halbieren und mit der Schnittfläche nach oben eng nebeneinander in eine Auflaufform legen. Thymianzweige und Knoblauchzehen dazwischenstecken.
Die Tomaten mit dem Olivenöl beträufeln und nach Belieben mit Pfeffer würzen. 40- 45 Minuten im Ofen rösten, bis die Tomaten weich sind und am Rand leicht dunkel werden.
Die Thymianzweige entfernen. Die Tomaten mit Salz und Pfeffer würzen. Heiß oder warm servieren. Zum Essen den Knoblauch aus seiner Haut auf die Tomaten drücken.

# Tomates rellenos y gratinados- Gefüllte überbackene Tomaten

4 reife Tomaten
4 Eier, Größe M
4 EL Creme fraiche
4 EL geriebender Manchego Käse

Den Backofen auf 180 Grad vorheizen. Am Stielansatz einen Deckel von den Tomaten abschneiden und die Früchte vorsichtig aushöhlen. Die Tomaten mit der Schnittstelle nach unten auf Küchenpapier setzen und 10 Minuten abtropfen lassen, dann innen mit Salz und Pfeffer würzen.
Die Tomaten in eine Auflaufform setzen. In jede Tomate vorsichtig 1 Ei schlagen, dann je 1 EL Créme fraiche und 1 EL Käse daraufgeben.
Im vorgeheizten Ofen 15- 20 Minuten backen, bis die Eier gerade gestockt sind. Heiß servieren.

# Tomates secos en Aaceite –Eingelegte Tomaten in Olivenöl

250 g Cocktailtomaten
1 EL grobes Meersalz
1 EL Fenchelsamen
2 getrocknete rote Chilischoten
Olivenöl zum Auffüllen

Backofen auf 120 Grad vorheizen.

Tomaten waschen, Stielansätze entfernen, trocken reiben, halbieren und mit der Schnittfläche auf dem Backblech verteilen.

Mit dem Meersalz bestreuen und mind. 6 Stunden im Ofen trocken lassen.

Zwischendurch mehrmals wenden und darauf achten das die Ofentür leicht geöffnet ist, das die Feuchtigkeit entweichen kann.

Sobald die Tomaten getrocknet sind herausnehmen und abkühlen lassen.

Die Tomaten in ein Gefäß geben, mit gekochtem Wasser übergießen und 10 Min. ziehen lassen. Danach mit Küchenpapier trocken tupfen lassen.

Tomaten mit Fenchelsamen vermischen, zerbröselte Chilischoten dazugeben, in ein Gefäß füllen und die Masse mit Oliven vollständig Öl bedecken.

Das ganze 24 Stunden durchziehen lassen.


# Tortilla de patatas y pimientos-Kartoffelomlett mit Paprika

500 g Kartoffeln
1 große Zwiebel
1/2 rote Paprikaschote
100 ml Olivenöl
Salz
Pfeffer
5 Eier, Größe L

Die Kartoffeln schälen, waschen und in etwa 5 mm dicke Scheiben schneiden oder hobeln. Zwiebel schälen und in dünne Ringe schneiden. Paprika waschen, putzen, entkernen und in kleine Würfel schneiden.

Reichlich Öl in einer beschichteten Pfanne erhitzen (der Boden sollte gut bedeckt sein). Die Kartoffelscheiben hineingeben und bei schwacher bis mittlerer Hitze etwa 10 Minuten garen, dabei ab und zu wenden. Zwiebel zugeben und weitere 10 Minuten braten. Die Paprikawürfel hinzugeben, alles mit Salz und Pfeffer würzen und weitere 10 Minuten braten, bis die Kartoffeln gar sind. Die Mischung aus der Pfanne nehmen, Fett in einem Sieb abtropfen lassen und etwas abkühlen lassen.

Die Eier verquirlen und salzen. Die Eimasse über die Kartoffeln gießen, alles vorsichtig vermengen und 10 Minuten ruhen lassen.

2 Esslöffel Öl in der Pfanne erhitzen, die Kartoffel-Ei-Masse hineingeben, glatt streichen und etwa 5 Minuten bei reduzierter Hitze garen, bis die Masse gestockt ist. Zum Wenden einen Teller auf die Pfanne legen und fest an die Pfanne drücken, mit Küchenhandschuhen umdrehen und die Tortilla wieder in die Pfanne gleiten lassen. Weiterbraten, bis die Tortilla goldgelb ist.

# Tostadas de espárragos y huevos revueltos- Toast mit Spargel und Rührei

200 g grüner Spargel
2 EL Olivenöl
1 Zwiebel
1 Knoblauchzehe
4 Eier, Größe L
1 EL Wasser
Salz
Pfeffer
4 Scheiben Baguette

Spargel in Stücke schneiden. Zwiebel schälen und klein schneiden. Knoblauchzehe durchpressen.

Die Spargelstücke bissfest kochen oder dämpfen. Gut abtropfen lassen. Unterdessen das Öl in einer großen Pfanne erhitzen. Die Zwiebel zugeben und bei mittlerer Hitze unter gelegentlichem Rühren glasig dünsten. Den Knoblauch dazugeben und ca. 30 Sekunden mitbraten.

Den Spargel zugeben und unter gelegentlichem Rühren kurz mitgaren. Unterdessen die Eier in eine Schüssel aufschlagen und mit dem Wasser verquirlen. Mit Salz und Pfeffer würzen.

Den Backofengrill vorheizen. Die Eimasse mit der Spargelmischung vermengen und 3 Minuten unter ständigem Rühren braten. Das Ei sollte nicht mehr flüssig sein.

Das Rührei auf den angetoasteten Baguettescheiben verteilen und sofort servieren.

# FIS
# CH

# Albondigas de atún en salsa de tomate- Thunfischbällchen in Tomatensoße

1/2 Brötchen vom Vortag
100 ml Milch
1 Knoblauchzehe
1/2 Zwiebel
2 EL spanisches Olivenöl
1 TL Kapern
1 Dose Thunfisch im Sud
1 Eigelb
1 EL Mehl
Salz
Pfeffer
50 ml Weißwein
500 ml passierte Tomaten

Das Brötchen in kleine Würfel schneiden, in einer Schüssel mit Milch übergießen und durchziehen lassen.

In der Zwischenzeit Knoblauch und Zwiebel schälen und klein hacken. 1 EI Öl in einer Pfanne erhitzen und Knoblauch und Zwiebel darin anschwitzen.

Die Kapern abtropfen lassen und hacken. Den Thunfisch abtropfen lassen. Beides zusammen mit Knoblauch, Zwiebel, Eigelb und Mehl in eine Schüssel geben. Die Brötchenwürfel ausdrücken und ebenfalls hinzufügen. Mit Salz und Pfeffer würzen und alles zu einer gleichmäßigen Masse verkneten. Abgedeckt ca. 15 Minuten ruhen lassen.

Aus der Masse 12 Bällchen formen. Das restliche Öl erhitzen und die Bällchen darin rundherum anbraten, dann mit Weißwein ablöschen. Die Tomaten hinzufügen und alles abgedeckt etwa 10 Minuten leicht köcheln lassen. Mit Salz und Pfeffer abschmecken und servieren.

# Bacalao catalán- Katalanischer Stockfischsalat

400 g Stockfisch (getrockneter gesalzener Kabeljau) am Stück
6 Frühlingszwiebeln,
4 EL spanisches Olivenöl
1 EL Weißweinessig
1 EL Zitronensaft
Pfeffer
1 Glas Pimientos de Piquillo
12 große schwarze Oliven
2 reife Fleischtomaten
2 EL gehackte Petersilie zum Garnieren

Den Klippfisch in eine Schüssel legen, mit kaltem Wasser bedecken und 48 Stunden einweichen, das Wasser dabei dreimal täglich wechseln.
Den Fisch mit Küchenpapier sehr trocken tupfen, Haut und Gräten entfernen. Das Fischfleisch mit den Fingern in feine Streifen zerzupfen und in eine große Schüssel geben. Frühlingszwiebeln diagonal in dünne Ringe
Schneiden und mit dem Olivenöl, Essig und Zitronensaft zufügen und umrühren. Die Mischung mit Pfeffer würzen, dann abgedeckt im Kühlschrank 3 Stunden marinieren.
Pimientos de Piquillo abtropfen lassen und klein schneiden. Oliven in  Scheiben schneiden und beides untermischen. Abschmecken, dabei berücksichtigen, dass Fisch und Oliven recht salzig sein können. Die Tomaten in dünne Scheiben

schneiden, auf einer Platte anrichten und den Salat daraufgeben. Mit Petersilie bestreuen und servieren.

# Boquerones Fritos- Frittierte Sardinen

500 g Sardinen
100 ml milder Weißweinessig
4 Knoblauchzehen
1 Lorbeerblatt
2 TL Oregano
Salz
Pfeffer
Öl zum Frittieren
Mehl zum Wenden

Sardinen säubern und die Köpfe entfernen. Die Bauchunterseite aufschneiden und die Gräte und die Eingeweide herausziehen. Die Sardinen waschen und gut trocken tupfen.
Den Essig mit 100 ml Wasser vermischen. Knoblauch schälen, fein hacken und dazugeben. Lorbeerblatt, Oregano und je 1 Prise Salz und Pfeffer dazugeben und alles gründlich vermischen. Die Sardinen mindestens 3 Stunden in der Marinade ziehen lassen, dann herausnehmen und gründlich mit Küchenpapier trocken tupfen.
Reichlich Öl zum Frittieren erhitzen. Mehl auf einen Teller streuen. Die Eier mit 1 EL Wasser in einem tiefen Teller verquirlen. Die Sardinen in Mehl wenden, dann durch die Eiermasse ziehen. Die Sardinen portionsweise in dem heißen Öl goldbraun frittieren und auf Küchenpapier abtropfen lassen.

# Calamares a la romana- Gebackene Tintenfischringe

Für die Tintenfischringe:
100 g Mehl
100 ml Bier
Salz
Pfeffer
500 g küchenfertige Tintenfischtuben
Für die Mayonnaise:
2 Knoblauchzehen
1 Eigelb, Größe L
1 TL Zitronensaft
1/2 TL Salz
250 ml spanisches Olivenöl
Öl zum Frittieren

Das Ei trennen. Das Eiweiß steif schlagen und bis zur weiteren Verwendung kalt stellen. Das Eigelb mit Mehl, Bier, 50 ml Wasser und je einer Prise Salz und Pfeffer verrühren. 30 Minuten ruhen lassen
 In der Zwischenzeit für die Mayonnaise den Knoblauch durchpressen. Das Eigelb mit Zitronensaft und Salz in einem Becher verrühren. Stabmixer hineinstellen und das Öl langsam hineinfliesen lassen. Zum Schluss den Knoblauch zugeben.
Die Tintenfischtuben waschen, trocken tupfen und in Ringe schneiden. Das Eiweiß unter den vorbereiteten Teig heben. Das Öl zum Frittieren erhitzen. Die Tintenfischringe in den Teig tauchen und portionsweise ausbacken. Auf

Küchenpapier abtropfen lassen. Die Tintenfischringe mit der Mayonnaise servieren.

# Ensalada de atún y patatas- Thunfisch-Kartoffel- Salat

300 g Kartoffeln
1 hart gekochtes Ei
3 EL spanisches Olivenöl
2 EL Weißweinessig
Salz
Pfeffer
125 g Thunfisch in Öl
1 Zwiebel
1 Tomate
1 Bund frische glatte Petersilie

Die Kartoffeln mit Schale in einem Topf mit gesalzenem Wasser  gar kochen. Unterdessen das Ei schälen, in Scheiben schneiden und die Scheiben halbieren. Thunfisch abtropfen lassen. Zwiebel schälen und in kleine Würfel schneiden. Tomate schälen und klein würfeln. Die Petersilie waschen und klein schneiden.
Olivenöl und Essig in einer Schüssel verquirlen und mit Salz und Pfeffer würzen. Den Boden einer Schale mit etwas Vinaigrette bedecken. Die Kartoffeln abgießen, pellen und in dünne Scheiben schneiden. Die Hälfe auf dem Boden der Schale verteilen und salzen. Je die Hälfte Thunfisch, Eierscheiben und Zwiebeln darüber geben. Mit der Hälfte des restlichen Dressings beträufeln. Den Rest Kartoffeln,

Thunfisch, Ei und Schalotten nacheinander daraufschichten und das restliche Dressing darübergeben.

Den Salat abschließend mit Tomate und Petersilie bestreuen. Abgedeckt 1 Stunde kalt stellen, dann servieren.

# Ensalada de garbanzos- Kichererbsensalat

1 Glas Kichererbsen
2 Tomaten
1 rote Paprika
1 grüne Paprika
1 rote Zwiebel
$\frac{1}{2}$ Schlangengurke
2 Knoblauchzehen
1 Dose Thunfisch in Öl
Essig
spanisches Olivenöl
Salz
Pfeffer

Kichererbsen und Thunfisch abtropfen lassen. Gemüse putzen und in kleine Würfel schneiden. 10 EL Essig mit den Knoblauchstücken in eine große Schale geben, kurz ziehen lassen. Restliche Zutaten hinzufügen, umrühren und mit Essig, Öl, Salz und Pfeffer abschmecken.

Tipp: Falls Sie vom Gazpacho noch Gemüsestückchen übrig haben, lassen diese sich hier perfekt verarbeiten.

# Gambas al ajillo- Garnelen in Knoblauchöl

40 küchenfertige Garnelen (ohne Schale und Schwanz)
5 Knoblauchzehen
4 getrocknete Chilischote
1/2 Bund glatte Petersilie
Olivenöl zum Braten
Grobes Meersalz


Den Backofen auf 200 Grad vorheizen. 4 ofenfeste Förmchen auf dem Rost in den heißen Ofen stellen und sehr heiß werden lassen.
Die Garnelen waschen und trocken tupfen. Den Knoblauch schälen und in feine Scheiben schneiden. Die Petersilie waschen und trocken schütteln. Die Blättchen von den Stielen zupfen und fein hacken.
Die Förmchen aus dem Ofen nehmen, etwa zur Hälfte mit Olivenöl füllen. Vorsicht, das Öl könnte spritzen. Dann auf dem Rost in den Ofen stellen und das Öl kochend heiß werden lassen. Den Knoblauch hinzufügen und ca. 1 Minute garen. Garnelen, jeweils 1 Chilischote hinzugeben und alles ca. 10 Minuten garen, bis sich die Garnelen rosa verfärbt haben, dabei zwischendurch einmal umrühren. Mit Meersalz und Petersilie bestreut servieren.

# Gambas al brandy- Weinbrandgarnelen

20 große rohe Garnelen mit Schale
4 Knoblauchzehen
100 g Butter
50 ml spanisches Olivenöl

100 ml Weinbrand
1 Bund glatte Petersilie
Salz
Pfeffer
Zitronenspalten zum Servieren

Knoblauch schälen und in Scheiben schneiden. Petersilienblätter fein hacken. Die Garnelen unter fließend kaltem Wasser abspülen und mit Küchenpapier trocken tupfen.
Butter und Öl in einer großen Pfanne erhitzen. Knoblauch und Garnelen zufügen und 3- 4 Minuten bei hoher Hitze rühren, bis die Garnelen gar sind. Den Weinbrand zugießen und die Garnelen darin schwenken. Mit Salz und Pfeffer würzen, dann die Petersilie darüberstreuen. Sofort mit Zitronenspalten servieren.
Variante: Anstelle von Weinbrand können Sie auch 1 EL Sojasauce, 1 EL Reiswein und 1 TL Zucker an die Garnelen geben.

# Gambas al chili- Chiligarnelen

400 g rohe Riesengarnelen
1 kleine rote Chilischote
6 EL spanisches Olivenöl
2 Knoblauchzehen
1 Prise scharfes Paprikapulver
Salz

Die Köpfe der Garnelen abdrehen. Die Garnelen auslösen, die Schwanzenden intakt lassen. Am Rücken entlang einschneiden und den dunklen Darmfaden entfernen. Die Garnelen kalt abspülen und mit Küchenpapier trocken tupfen.

Den Chili längs halbieren, entkernen und fein hacken. Knoblauch schälen und in dünne Scheiben schneiden.

Das Öl in einer Pfanne recht stark erhitzen. Den Knoblauch darin 30 Sekunden anbraten. Garnelen, Chili, Paprikapulver und 1 Prise Salz zufügen und unter ständigem Rühren 2- 3 Minuten braten, bis die Garnelen rosa sind und sich krümmen.

Sofort aus der Pfanne servieren. Dazu Cocktailspieße zum Aufnehmen der Garnelen und nach belieben Baguettestücke zum Auftunken des Öls reichen.

# Mejillónes en vinagreta- Miesmuscheln in Vinaigrette

6 EL Olivenöl
2 EL Weißweinessig
1 kleine Zwiebel
1 Knoblauchzehe
2 EL eingelegte Kapern
1 frische Chilischote
Salz
Pfeffer
1 kg Miesmuscheln
100 ml trockener spanischen Weißwein
1 Bund glatte Petersilie

Zwiebel schälen und kleinschneiden. Knoblauchzehe durchpressen, Kapern hacken. Chili entkernen und in dünne Streifen schneiden. Petersilie waschen und klein schneiden.

Für das Dressing Öl und Essig verquirlen. Zwiebel, Knoblauch, Kapern und Chili zugeben und mit Salz und Pfeffer abschmecken.

Die Muscheln abbürsten, Bärte entfernen. Muscheln mit beschädigter Schale und solche, die sich auf Klopfen nicht schließen, aussortieren. Die intakten Muscheln unter fließendem Wasser gründlich abspülen.

Die Muscheln in einen Topf geben und mit dem Wein übergießen. Aufkochen, den Topf abdecken und die Muscheln bei starker Hitze 3—4 Minuten garen, dabei mehrmals am Topf rütteln. Sobald sich die Muscheln geöffnet haben, abgießen und alle aussortieren, die noch geschlossen sind. Abkühlen lassen.

Die lauwarmen Muscheln öffnen und das Muschelfleisch in jeweils einer Muschelhälfte belassen. In eine vorgewärmte Servierschüssel geben. Dann das Dressing nochmals verquirlen und über die Muscheln geben. Abdecken und mindestens 1 Stunde in den Kühlschrank stellen.

Zum Garnieren die Petersilie über die Muscheln streuen.

## Pescado frito- Fisch im Backteig

100 g Mehl,+ etwas mehr zum Bestäuben
1 Prise Salz
1 Ei, Größe L verquirlt
1 EL spanisches Olivenöl
150 ml Wasser

500 g festes Fischfilet, z. B. Dorsch oder Pangasius
Öl zum Frittieren
Zitronenspalten, zum Servieren

Für den Ausbackteig Mehl und Salz in eine große Schüssel geben und eine Vertiefung in die Mitte drücken. Ei verquirlen und mit Olivenöl hineingeben, dann langsam das Wasser hinzugießen und das Mehl von außen nach innen einarbeiten. Ständig weiterrühren, bis ein glatter Teig entsteht.
Den Fisch in etwa 2 cm x 5 cm große Stücke schneiden. Leicht mit Mehl bestäuben. Das Frittieröl auf 180- 190 Grad erhitzen. Für den Temperaturtest sollte ein Brotwürfel darin in 30 Sekunden bräunen. Mit einem kleinen Holzspieß ein Fischstück aufspießen und in den Ausbackteig tunken, dann das Stück mitsamt dem Holzspieß vorsichtig ins heiße Öl fallen lassen und 5 Minuten frittieren. Die restlichen Fischstücke ebenso ausbacken, dabei portionsweise verfahren. Aus dem Öl nehmen und auf Küchenpapier abtropfen lassen. Im Backofen warm halten, bis alle Fischstücke frittiert sind. Mit Zitronenspalten garniert servieren.

# Pulpitos fritos- Gebratene Oktopusse

250 g küchenfertige kleine Pulpos/ Oktupusse
1 Bund glatte Petersilie
2  Knoblauchzehen
1 kleine rote Chili
1 Zitrone
3 EL spanisches Olivenöl

Salz

Vom Pulpo eventuell noch die Tuben (runder Hinterleib) vom Kopfteil lösen und ausnehmen. Tentakel vorsichtig vom Augenteil lösen (Vorsicht, die Tinte kann spritzen). Alles unter kaltem Wasser gut abspülen und abtropfen lassen.
Petersilie abspülen und trocken schütteln. Die Blätter von den Stielen zupfen und hacken. Knoblauch abziehen und fein würfeln. Chilischote abspülen, entkernen und ebenfalls fein würfeln. Die Zitrone auspressen. Das Öl in einer Pfanne erhitzen. Die Pulpos darin scharf anbraten. Salzen und Knoblauch, Petersilie, Chili und Zitronensaft dazugeben. Alles unter Rühren mischen. Heiß servieren.

# Rollitos de pimiento con atún-Paprikaröllchen mit Thunfisch

2 rote Paprikaschoten
100 ml Olivenöl
1 EL Zitronensaft
4 EL Weißweinessig
2 Knoblauchzehen
1 TL mildes Paprikapulver
1 TL scharfes Paprikapulver
1 EL Zucker
2 EL Kapern in Salz
1 Dose Thunfisch in Öl

Den Backofengrill vorheizen. Die Paprika auf ein Backblech legen und auf der oberen Schiene unter dem Grill unter häufigem Wenden 10 Minuten rösten, bis die Haut rundherum schwarz ist und Blasen wirft. In einen Gefrierbeutel geben, den Beutel verschließen und die Paprika abkühlen lassen.

Unterdessen Olivenöl, Zitronensaft, Essig, durchgepressten Knoblauch, Paprikapulver und Zucker in einer kleinen Schüssel verquirlen.

Die lauwarme Paprika häuten, entkernen und das Fleisch längs dritteln. Die Paprikastreifen in eine Schüssel legen und das Dressing darübergeben. 30 Minuten ziehen lassen.

Das Salz von den Kapern abreiben. Kapern und Thunfisch mischen. Die Paprikastreifen abtropfen lassen (das Dressing aufbewahren) und die Thunfischmischung darauf verteilen. Die Paprika aufrollen und mit Holzspießen zusammenstecken. Die Thunfischröllchen anrichten, das Dressing darübergeben und zimmerwarm servieren.

# Salmón en salsa de piementos- Lachs in Paprikasoße

2 rote Paprika
4 EL spanisches Olivenöl
1 Zwiebel
1 Knoblauchzehe
6 EL trockener spanischer Weißwein
500 g Lachsfilet
Salz
Pfeffer
100 g Schlagsahne
gehackte glatte Petersilie, zum Garnieren

Den Backofen auf 200 Grad vorheizen. Die Paprika mit 1 EL Öl bestreichen und in eine Auflaufform legen. 30 Minuten im Ofen rösten, wenden und weitere 10 Minuten garen. Die Haut sollte schwarze Blasen werfen. Aus der Auflaufform nehmen und in einem verschlossenen Gefrierbeutel abkühlen lassen.

In einer Pfanne 2 EL Öl erhitzen, die grob gehackte Zwiebel zugeben und unter gelegentlichem Rühren 5 Minuten glasig dünsten. Den durchgepressten Knoblauch zugeben und 30 Sekunden braten. Den Wein zugießen, aufkochen und 1 Minute köcheln lassen. Vom Herd nehmen und beiseitestellen.

Den Lachs häuten, in dicke Würfel schneiden und mit Pfeffer würzen. Die Paprika vorsichtig häuten, halbieren und entkernen. Das Fruchtfleisch zusammen mit Zwiebelmischung und Sahne in einen Becher geben und alles mit dem Stabmixer zu einem glatten Püree verarbeiten. Mit Salz und Pfeffer abschmecken. In einen Topf geben.

Das übrige Öl in der Pfanne erhitzen, den Lachs hineingeben und unter gelegentlichem Wenden 8- 10 Minuten goldbraun braten. Inzwischen die Sauce im Topf erhitzen.

Die Lachswürfel auf einen vorgewärmten Teller geben. Etwas Sauce darübergeben und die übrige Sauce separat dazu reichen. Den Lachs mit Petersilie garnieren. Mit Baguette servieren.

# Tortillitas de camarones- Garnelen- Fladen

400 g Mehl
3 Zwiebeln
250 g küchenfertige Garnelen
2 EL gehackte Petersilie
1 TL Meersalz
Olivenöl zum Braten

Mehl mit 250 ml kaltem Wasser zu einem dickflüssigen Teig verrühren. Die Zwiebeln schälen und fein würfeln. Die Garnelen waschen, trocken tupfen und in kleine Stücke schneiden. Zwiebeln, Krabben und die Petersilie unter den Teig heben. Den Teig salzen und mindestens 3 Stunden quellen lassen. Sollte der Teig sehr dick geworden sein, mit etwas Wasser verdünnen.
Öl in einer Pfanne erhitzen. Den Teig esslöffelweise in die Pfanne geben und jeweils so dünn wie möglich zu Fladen ausstreichen. Die Tortillitas von beiden Seiten goldbraun backen und auf Küchenpapier abtropfen lassen.

# Tortita de pescado y espinacas- Fisch- Spinat- Puffer

200 g Stockfisch (getrockneter, gesalzener Kabeljau) am Stück
2 Zitronenscheiben
2 frische Petersilienstängel
1 Lorbeerblatt
1 TL spanisches Olivenöl

100 g junger Spinat
1 gestr. TL scharfes Paprikapulver
Öl zum Frittieren
grobes Meersalz
Teig:
150 g Mehl
1 TL Backpulver
1/4 TL Salz
1 Ei, Größe L
150 ml Milch

Den Fisch in eine Schüssel legen, mit Wasser bedecken und 48 Stunden einweichen. Dabei das Wasser 3-mal täglich wechseln. Für den Teig Mehl, Backpulver und Salz in eine Schüssel sieben und eine Mulde hineindrücken. Ei verquirlen und mit der Milch verrühren, in die Mulde gießen und alles zu einem glatten Teig verrühren. Etwa 1 Stunde ruhen lassen.

Den Fisch in eine Pfanne geben. Zitronenscheiben, Petersilie und Lorbeerblatt zugeben, mit Wasser bedecken und aufkochen. Die Hitze reduzieren und 30- 40 Minuten köcheln, bis der Fisch weich ist. Das Öl in einem kleinen Topf bei mittlerer Hitze erwärmen. Den Spinat hineingeben und 3- 4 Minuten garen. In einem Sieb abtropfen lassen, überschüssiges Öl herauspressen. Den Spinat fein hacken und zusammen mit dem Paprikapulver in den Teig rühren. Den Fisch aus dem Wasser nehmen, Haut und kleine Gräten entfernen. Das Fleisch zerteilen und in den Teig rühren. Das Öl 5 cm hoch in einer Pfanne auf 180 Grad erhitzen. Mit einem Esslöffel kleine Portionen Teig in das Öl geben und 8- 10 Minuten frittieren. Zum Abtropfen auf Küchenpapier legen und mit Meersalz bestreuen. Dazu Aioli- Soße servieren.

# Vieiras de queso- Jakobsmuscheln mit Käse

5 EL spanisches Olivenöl
3 EL Orangensaft
Salz
Pfeffer
20 ausgelöste Jakobsmuscheln
Salatblätter (nach Belieben)
150 g Blauschimmelkäse
1 Bund Dill

4 EL Olivenöl, Orangensaft verrühren und mit Salz und Pfeffer würzen.
Das restliche Olivenöl in einer Pfanne erhitzen. Die Jakobsmuscheln darin bei starker Hitze auf jeder Seite 1 Minute goldbraun braten.
Die Muscheln auf einem Blattsalatbett oanrichten. Mit Käse und gehackten Dill bestreuen und mit dem Dressing beträufeln. Warm servieren.

# Vieiras gratinadas- Überbackene Jakobsmuscheln

400 g ausgelöste Jakobsmuscheln
2 Zwiebeln

2 Knoblauchzehen
1 Bund frische glatte Petersilie
1 Prise frisch geriebene Muskatnuss
1 Prise Gewürznelkenpulver
Salz
Pfeffer
2 EL frische Semmelbrösel
2 EL spanisches Olivenöl

Muschelfleisch hacken, Zwiebeln schälen und klein schneiden, Knoblauch durchpressen, Petersilie waschen und fein hacken.
Den Backofen auf 200 Grad vorheizen. Jakobsmuscheln, Zwiebeln, Knoblauch, Petersilie, Muskat und Nelkenpulver in einer Schüssel mischen. Mit Salz und Pfeffer würzen.
Die Mischung auf 4 gesäuberte Jakobsmuschelschalen verteilen. Mit Semmelbröseln bestreuen und alles mit dem Olivenöl beträufeln.
Im vorgeheizten Backofen 15- 20 Minuten goldbraun backen und sofort servieren.

# Index